▶ 巻頭言

サッカーワールドカップの「三苫の1mm」を覚えているでしょうか？ ボール自体がラインに接していなくても，フィールド上に投影した円とみたときに，ゴールラインに少しでも接していれば，プレーが続行されるわけです。この出ているようで出ていないという不思議なルールのおかげで，諦めないことの大切さを日本中が実感しました。

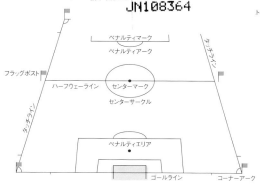

まだ出ていない　　出た

コート外｜コート内｜コート外｜コート内

サッカーのルールやフィールドのつくりには，図形の学習と関連していることが他にもたくさんあります。例えば，サッカーフィールドの真ん中には円があります。これは，センターサークルと呼ばれ，サッカーの試合は，この円の中心に置いたボールを動かすことで開始されます。別にフィールドに円なんか描かなくても良いのではと思うかもしれませんが，これは，大切なルールと関わっているのです。サッカーでは，キックオフやフリーキックなど，ボールを静止させて蹴るプレーの際に，相手チームの選手はボールから9.15m以上離れなくてはいけないというルールがあります。つまり，センターサークルは，キックオフの際にボールを置く位置から，9.15m離れた点の集合といえます。また，フリーキックの場合は，反則があった場所から蹴るため，事前に円を描いておくことができません。ですから，審判が9.15mの距離を判断し，相手チームの選手にボールから離れるように指示をしなければならないのです。

では，ペナルティーキック，いわゆるPKの場合はどうでしょうか？ PKは，ゴール前にあるペナルティーマークと呼ばれる点にボールを置いて蹴ります。そのペナルティーマークは，ペナルティーエリアという長方形の中にあります。そもそもPKの際に，キッカーとゴールキーパー以外の選手はペナルティーエリア内に入ることができませんので，9.15m離れるというルールが関係ないように感じます。でも実はちゃんとこのルールが守られているのです。ペナルティーエリアのゴールと反対側に長辺に，円の弧の一部がくっついています。この弧はペナルティーアークと呼ばれ，ペナルティースポットから9.15m離れた点の集合なのです。つまり，9.15m離れるルールは，ボールを蹴る選手の前方だけでなく，背後にも適用されているのです。

スポーツのフィールドには，算数で学習する基本図形がたくさん見つかります。そして，それらの性質をルールに合わせて活用していることが分かります。時々，こんな話を伝えることで，子どもたちの算数への関心も高めていきたいと思っています。

147号編集担当　青山尚司

提 起 文

「図形」領域の楽しい授業 ——図形の感覚が豊かになる数学的活動

青山尚司

1 公式化よりも価値ある学び

面積や体積といった求積の学習が，B「図形」領域に位置付けられてしばらく経った。その間に，我々の教材観や指導観はどのように変化してきたのであろうか。

台形の面積の求め方を考える授業でのことである。「ちょっとみんなと違う方法なんだけど」と，前に出てきた子どもが，右のように，台形の左右の辺を上方向に延長し，三角形にした。周りの子たちはこれを見て，「あ〜！」と驚き，できあがった大きな三角形の面積から，台形の上の小さな三角形の面積を引くことによって，台形の面積を求める方法が共有された。

すると，「小さい三角形は大きい三角形の $\frac{1}{3}$ だから，台形は三角形の $\frac{2}{3}$ じゃないの？」という発言があった。これに対して，「上の三角形は $\frac{1}{9}$ だよ」という反論があった。そして，「底辺と高さが3倍だから，面積は9倍じゃん」と説明するのだが，どうもすっきりしない様子の子もいる。すると，別の子が前に出てきて右のように，

大小2つの三角形の底辺の間に，高さが等分されるように平行な直線を引き，もとの台形部分を，上にできた小さな三角形と合同な三角形に分割していった。これによって子どもたちは，小さな三角形の面積の9倍が大きな三角形，8倍がもとの台形の面積であることに納得したのである。

これらの方法から，（上底＋下底）×高さ÷2という台形の求積公式を導くこともできなくはないが，無理にそこに落とし込む必要はない。それよりも大きな価値がこれらのアイデアにはあると考えるからである。

2 B「図形」領域のねらい

現行の学習指導要領では，求積もB「図形」領域に位置づいている。つまり，求積の系統だけでなく，これまでの図形の学習で働かせてきた見方・考え方を，求積の場面でも柔軟に働かせることが大切であるといえる。学習指導要領解説には，B「図形」の領域のねらいが以下の3つに整理されている。

・基本的な図形や空間の概念について理解し，図形についての豊かな感覚の育成を図るとともに，図形を構成したり，図形の面積や体積を求めたりすること

特集 「図形」領域の楽しい授業

・図形を構成する要素とその関係，図形間の関係に着目して，図形の性質，図形の構成の仕方，図形の計量について考察すること。図形の学習を通して，筋道立てた考察の仕方を知り，筋道を立てて説明すること

・図形の機能的な特徴のよさや図形の美しさに気付き，図形の性質を生活や学習に活用しようとする態度を身に付けること

これらのねらいをふまえると，前述の台形の面積の求め方で，子どもたちが台形という図形の構成の仕方に着目しながら，既習事項である平行線の性質から，合同な図形を見いだし，求積方法を柔軟に導き出している点を評価するべきであろう。

また，求積の学習でこのような発想が生まれたのは，これまでの学習で，直線を延長することや，平行線を引くこと，合同な図形を見いだすことで，解決の糸口をつかんできた経験があったからである。このような実態に出会うと，求積を含めた図形学習の系統性をもう一度見つめ直したくなる。

③ 図形を学習する楽しさ

具体的な操作を伴う図形の学習は，子どもたちにとって楽しいものである。しかし，その楽しさは，単に活動自体が面白いということではない。算数・数学の学習における，本当の楽しさとは，子どもが既習の内容や方法をつなげ，新しい価値を作り上げていく過程で，算数・数学の本質に触れることにある。また，それらの学びの素地となる，図形の構成，弁別，作図といった数学的活動を充実させ，図形のよさや美しさを味わいながら，豊かな感覚を育てていくことも不可欠である。

そして，子どもたちが何を既習としてつなげ，どのように活用していくのかを，我々教員も楽しめるように研究を重ねていくことが大切である。

④ 図形の学習を通して考えることが好きな子を増やしたい

そこで，算数授業研究147号は，図形の学習を通して，考えることが好きな子どもをさらに増やしたいという願いから，"「図形」領域の楽しい授業—図形の感覚が豊かになる数学的活動—"をテーマとし，図形の指導に特化した算数授業のあり方について探っていくこととした。

本誌は，「図形」領域の楽しい授業実践をまとめた特集1と，「図形の感覚が豊かになる数学的活動」をグラビアで紹介する特集2の二部構成としてまとめた。また，文部科学省教科調査官の笠井健一先生に，"今，B「図形」領域の指導で求められていること"について，本校OBの細水保宏先生に，"図形を楽しむ子を育てるには"という視点で寄稿いただき，充実した一冊を作り上げることができたと自負している。

本誌が，現場の先生方にとって，B「図形」領域における教材研究の一助となり，楽しい授業を作るきっかけとなれば幸いである。

1年「かたちあそび」の楽しい授業

「かたちあそび」で「平行」の素地を培う

森本隆史

◆自分のこれまでを振りかえる

　1年生の図形の単元では，ものの形を認め，形の特徴を知ること，具体物を用いて形を作ったり，分解したりすること，前後，左右，上下など，方向や位置についての言葉を用いて，ものの位置を表すことができるようにするということが大切にされている。

　これまでの自分がしてきた授業を振りかえってみると，子どもたちが「かたちあそび」をするときには，直角二等辺三角形の色板を使って，それぞれが思い思いに自分で好きな形を作り，作った形を紹介するというようなことをしてきた。また，はじめに形を示し，その形の中にどんな形がかくれているのかを考えるということもしてきた。

　これはこれで，子どもたちは楽しく活動してきたのだが，できあがったものを見ると，下のように「家」「魚」「船」など，何でもありという状況になる。

　直角二等辺三角形の色板だけではなく，正三角形や正方形をつけたして，かたちあそびをする。

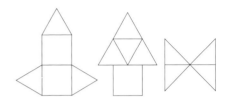

　この場合も，「ロケット」「木」「ちょう」などと名前を付けて遊ぶ。自分たちの好きな形を作っているので，子どもたちは楽しいはずである。これまではこのようなことをしてきたが，もう少しちがうことでも，子どもたちと楽しんでみたい。

◆「平行」の素地になる「かたちあそび」

　下のように合同な三角形をしきつめていくと，平行な直線が見えてくる。

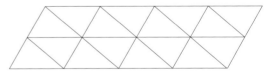

　これは，4年生や5年生のときに扱われるのだが，1年生でも，この素地にあたる活動をする。

特集 「図形」領域の楽しい授業

左のページのように，平行な2直線を子どもたちに見せる。そして，
「この線は道だよ。でも，真っ白だね。今から，この道がきれいになるように，さんかくの形をした色板を敷き詰めていこう」
と，子どもたちに投げかける。

このように言うことで，子どもたちは色板をずらしたり，回したり，ひっくり返したりして，平行線の間にしきつめようと動き出す。

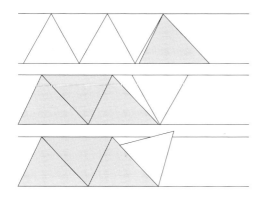

しかし，三角形をしきつめていく中で，同じ形のときはうまくしきつめることができるのだが，ちがう形の三角形の場合は，ずらしても，回しても，ひっくり返しても，平行線の間にしきつめることができないということに気づいていく。

うまくしきつめられる場合と，そうでない場合の両方を扱うことで，子どもたちの理解を深めていく。

上の図のように，しきつめられないという場面をしっかりと共有していく。すき間があくときとすき間があかないときに，どんなちがいがあるのかを子どもたちの言葉で語らせることが大切だと考えている。

「さんかく」で考えた後は，「しかく」でも同じようなことをしていく。1年生との授業でも，発展的に考えるということを，教師が意識することが大事だからである。

下のように平行四辺形でやってみるのもよい。下の場合は，上と下の辺の長さは同じなのだが，角度がちがう。

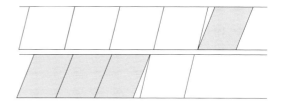

さらに，下のように台形も扱っておきたい。

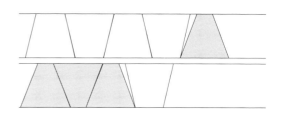

このようなことを1年生で扱っておくことで，合同な三角形や台形をしきつめていくと，平行な直線が見えてくるということが，感覚的にわかってくる。

4年生で「角」の学習をするときには，平行な2直線と交わる1本の直線の間にできる角（錯覚，同位角，対頂角）の大きさについても，子どもたちが気づくこと増えていくだろう。

また，5年生で平行四辺形，三角形，台形の面積を求めるときも，倍積変形の仕方を思いつく子どもも増えていくことが期待できる。ただなんとなく形を作って遊ぶ活動を，このようにちがう楽しみ方をしたいと考えている。

「さんかく」「しかく」のあるパズルを作ろう

大野　桂

1 単元と実践の概要

　1年生では，日常生活にある箱の面の形や，教具で用いるブロック，色板の形に着目させるなどして，日常言語として用いているさんかく・しかくといった形に関心を持たせ，曖昧ではあるが形の特徴を感覚的に捉えさせた。

　そして，2年「三角形と四角形」では，感覚で捉えてきた「さんかく・しかく」を，「3本（4本）の直線で囲まれた形を三角形（四角形）という」という図形の概念まで高めることが目的となる。

　その目的を達成するため，本実践では，丸い形をした画用紙に，3本（4本）の直線を引かせて画用紙を分割するという「パズルづくり」の活動に取り組ませる。その活動を通して，直線で囲まれた形となる三角形・四角形に着目させ，子ども自らで，三角形・四角形の概念を構築させていく。

2 授業の実際

　課題提示は，以下の板書の通りである。

（1）曖昧な概念を引き出す

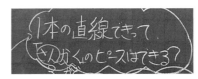

　課題提示後，上記のように問うた。すると，「できる」という反応が返ってきた。その理由を問うと，次のように山型になるように直線で切り取り，「さんかく」と述べた。この反応から，「さんかく」については，1年生時の曖昧な感覚のままの子どもたちが多数いることが分かる。

　ところが，その反応に反論するかのように，「その形は，『かど』が2つだから『2かく』だよ」と述べる子どもが現れた。

　さらに，「3つかどがあれば『3かく』」と発言する子どもが現れた。この反応を捉え，

「じゃあ，3かくのピースを作るには何本の直線が必要なの？」と問うてみた。

すると，「2本で3かくはできる」という反応が返ってきた。2本の直線を子どもに引かせてみると，以下のような図を示した。

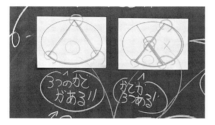

この反応からも，「さんかく」については，1年生時の曖昧な感覚のままだと分かる。

（2）曖昧な感覚が揺さぶられる

ところが，上の右側の図に着目し，「これも3つかどがあるけど，3かくには見えない」と述べる子どもが現れた。

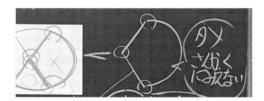

この反応に，多くの子どもが納得していた。その理由を問うと，「曲がっている線があると嫌だ」「そうだとすると，いままでの3かくは全部ダメ」との反応を示した。

このように，自分たちが作り出した図に自ら違和感を示し，曖昧な感覚を見直そうとする子どもの姿が現れた。

（3）概念を構築する

そして，教師が発問しなくとも，子ども達は，「3本の直線があれば『さんかく』がつくれる」と述べ，次の図を表現するに至った。

このように，自分たちの曖昧な感覚に対する違和感を修正するという行為により，「三角形」の概念を構築していった。

そして，「3本の直線で囲まれた形が三角形」という用語の指導をし，授業を終えた。

（補足：次時の「四角形」の授業）

次の時間は「四角形」の概念構築である。

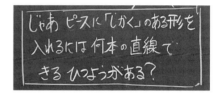

この問いかけから授業はスタートした。

さすが「三角形」の概念を構築した子ども達である。「『しかく』でいいなら2本でいい」といい次の図を示した。

そして，当然のごとく，板書に示されている通り，間髪入れずに「『しかく』ならいいけど，曲がった線があるから，四角形ではない」と述べ，次のように四角形を描いた。

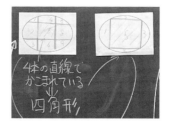

2年「はこの形」の楽しい授業

立体図形と平面図形のかかわりを意識する活動
——円柱の曲がっている面の写し取り方

田中英海

1 立体図形と平面図形のかかわり

　立体図形が平面図形で構成されていることを意識することは，当たり前のようで子どもにとっては当たり前ではない。1年「形あそび」では，箱を使って絵をかく活動がある。子どもは日常にある立体を形として捉えているので，立体を紙に写し取る活動で平面に形を捉えていくようになる。そうした素地の下，2年生で抽象して平面図形として捉えさせていく。2年「はこの形」は，立体を写し取ったり，写し取った面を組み立てたりして立体を作っていくことで，立体図形が平面図形で構成されていることに気付かせていく。ここでの「はこの形」は，所謂直方体であり，長方形の面で構成された立体を呼んでいる。

2 写し取り方と組み立て方

　実際の箱をもとに，はこの形をつくる過程では，面を写し取る過程と組み立てる過程に分けて活動を捉えることができる。さらに面を分けて写し取る姿と，つなげて写し取る姿とに整理してみたい。

（1）面を分けて写し取り，組み立てる

　面を分けて写し取ったり，切り取ったりすると，自然と切った面の形や枚数に着目することになる。また，組み立てる過程では，元の箱に着目したり，向かい合う面の大きさが同じになるように構成したりする。さらに，平面上に紙を並べて，面のつながりを見いだす子や，完成のイメージをもって空間上で面と面が垂直になるように構成した子がいた。

　組み立てる過程では，平面上で並べるのか空間で組み立てるのか，どちらが分かりやすいのかは子どもによって違う。平面上で苦戦していた子が空間を意識したことを上手くできたということもある。

（2）面をつながりで写し取り，組み立てる

　箱を転がして，面と面がつながるように写し取る方法がある。正しく写し取れば，組み立てる過程は簡単といえる。一方で，組み立てる過程では，面と面のつながりや位置関係を意識しない可能性もある。

　写し取り方については，それぞれのやり方に触れたり，よさを考えさせたりすることができるといい。

3 六角柱の箱と円柱の箱で活かす

直方体の箱づくりができたら，ぜひ六角柱と円柱の箱づくりの活用・探究の時間をとりたい。コアラのマーチとチップスターの箱をもってくるように家庭にお願いしておく。

どちらが簡単に作れそうかを問うと，多くの子は六角柱の箱を選ぶ。底面と側面を区別して捉え，横の面が6つに上下の面が2つあることが分かる。

分けて写し取るのか，つながりで写し取るのか，どちらかを意識させて六角柱の箱を作り始めさせる。下の感想のように，側面のつながりをつくる子もいれば，底面に対して側面をつなげる子もいて，その違いにも着目するようになる。

組み立てる過程も左のように平面で面のつながりを意識してテープを貼っていく子もいれば，右のように空間で面のつながりをつくる子もいる。はこの形の考え方を活かして自分に合う作り方をすることに価値がある。

円柱の箱に対しては，「かどがない」「直線

がないよ」「部品に分けられない」「どこからどこまで写せばよいの？」と曲がっている面をどう写し取ればよいのか問いが生まれる。始めは難しそうに思っていた子どもも，箱を転がす，巻くなどの方法で曲面を写し始める。

さらには，筒を切り広げるという方法する子どももいる。その子たちは，「マルが長方形になった！」と驚いていた。

余談であるが，チップスターの箱をよく見ると斜めに切れ目がある。実際にチップスターの筒を切り開いてみると面白い。これに疑問をもった子どもたちと質問状を送ると，丁寧にお返事をもらうことができた。「長方形の紙を丸筒に真っすぐ巻きつけていくと同じ所にぐるぐる巻きついていきます。四角い紙を斜めに巻き付けていくと，上に向かって螺旋状にずっと巻き続けていくことができ，それを丁度よい長さで切っています。この巻き方を"スパイラル巻き"といい，丈夫で工場で筒をたくさん作るのに向いています」とのことであった。このような人類の知恵にも触れたい。

3年「円と三角形」の楽しい授業

点からの等距離を意識させる

田中英海

1 コンパスの機能

3年で「円」を学習する際、コンパスを扱う。針を刺して、コンパスの鉛筆を手前に持ってくる。この時、手首を少し捻っておくと、針を中心に鉛筆が一気に回って、きれいな円をかくことができる。という回し方のコツを説明されても、子どもにとってはなかなか難しい。先日、教師用のコンパスで黒板にきれいな円がかけたとき、「先生上手！」と歓声があがった。子どもにとっては、コンパスで円をかくことの面白さや難しさであったり、円の美しさを感じたりしているのであろう。

というように、コンパス＝円という機能面が強く出てしまう。3年の図形領域で学習する「円」と「三角形」においては、コンパスのもう1つの機能である「長さを移す」という使い方に加え、円を「1点からの等距離な点の集まり」という図形としての見方をしっかりと押さえることが大切にしたい。

2 中心から等距離な点の集合

円の導入で輪投げ大会の投げる位置と杭の位置を決める授業を行った。教科書のように始めから大人数を設定するのではなく、1、2、3人と投げる人数を順番に増やして杭の位置を決めていった。投げる人が2人の時は、点イ・ウからの等距離な位置に杭があればよ

いことに気付き、1人増えて3人になったときは、杭を中心として投げる人を等距離に動かしていった。

2点からの等距離
垂直二等分線上 / 3点からの等距離な点
中心から等距離な点 / 全ての点から等距離の点が
中心となり、円を捉える

コンパスを使う前に、画鋲と工作用紙と鉛筆を使う手作りコンパスの活動がある。

この時も、「画鋲から3cmにある点をいくつうてるかな？」とたくさん点を書かせていく。

このように点が集まって円になるという意識をもたせていきたい。

3 3点目を決める意識

三角形をかく活動においては、3つ目の頂点の位置が決まる時に三角形が決定するという認識が大切である。そのために、まず三角形アイウの1辺を共通して引く。点アはどこに来るのか？　という予想を立てさせ、黒板上でマグネットを置くと点が決まるという意識が明確になる。この後、コンパスを使った点の軌跡

の交点が1つに決まることを押さえる。

4 二等辺三角形の作図で、対称性と円の見方を引き出す

二等辺三角形については、次のような提示をすると探究的な問題となる。

> 辺イウ4cm、辺アイ□cm、辺ウア□cmの二等辺三角形をかきます。
> 点アはどんな場所にくるでしょう。

「いろんな二等辺三角形がかけるよ！」と子どもは言う。例えばと、辺アイと辺ウアを3cmにした二等辺三角形のかき方を示す。他の長さもできるよという意見に対して、共通する辺イウ上に二等辺三角形をかき足していく。点アの位置にマグネットを置くと子どもたちは「中心を探せばいい」と発言した。中心を探すってどういうこと？　と問い返すと、頂点の延長線を結ぶと辺イウが等分されていることを中心と述べた。下図左のような板書になっていった。また、下図右のように下側にも二等辺三角形をかくことができる。

こうしたやりとりから、点アは辺イウの垂直二等分線上にくることが分かる。二等辺三角形を垂直二等分線で分けると、直角三角形が見えたり、対称の軸として線対称な図形と見えたりする発話があれば、非常に豊かな見方をしている。発見を一緒に喜びたい。

さらにこの問題、□は未知数であれば一意に決まるが、3年生の子どもはプレイスフォルダとしていろんな数値が入る枠と捉えている。そのため、二等辺三角形になるのは、アイ＝ウアの場合だけではない。それに気づくと図形の見方が広がる。

「僕のかいたのは中心じゃない」と発言し辺ウア4cmを示した子がいた。始めはこの視点がなかった子も、すぐに納得した。加えて「これにも中心はあるよ」と点ウから辺イアに垂直二等分線にあたる直線をかいた。さらに、頂点イとアにマグネットを置いて点を意識させると、「このかき方でも二等辺三角形はたくさんかける」という発言で、いくつかの二等辺三角形を見いだしていった。

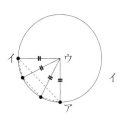

このように点をふやしていくと、点ウを中心に半径4cmの円をかくことができるが、この時は、そのような発見には至らなかった。この円が見いだす子は、中心から等距離にある点を意識しているだろう。このように円の中心と半径の見方を三角形と関連づけていく。それらは5年「正多角形と円」において、正多角形の内部に中心と半径、合同な二等辺三角形を見いだすことにもつながっていく。

4年「角の大きさ」の楽しい授業

三角定規の角の大きさを表そう！

盛山隆雄

1 三角定規の角の大きさを置き換える

黒板提示用の三角定規1組と回転角を表現する大きな円の紙を黒板に提示した。そして，まず次のように問うた。

「三角定規1組には6つの角がありますね。角の大きさを見て，小さい順に番号をつけてみましょう」

そして，子どもたちの考えを聞いて，次のように番号をつけた。

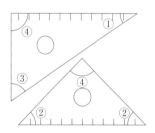

次に，円を使って三角定規の角の大きさと同じ角の大きさを表してみることにした。

これは，固定された角を回転角に置き換える活動である。

切り込みの入った色違いの円を重ねた用紙を使って，回転角が少しずつ大きくなっていく様子を見せた。

まず三角定規の①の角の大きさを表してみることにし（図1），同じ大きさになったと思うところで「ストップ！」と言ってもらった。

【図1：回転角で表そうとしているところ】

予想ができたら，図2のように確認した。

【図2：①の角と同じ大きさか確かめている】

この調子で②〜④の角を回転角に置き換える活動をした。その活動は，ペアでも行った。

【図3：ペアで回転角への置き換えを行う】

② 三角定規の2つの角の大きさの和を表現しよう

ある子どもが，三角定規を2つ並べて，2つの角の和を回転角で表現した。その発想を生かして，次のように問うた。

「三角定規の2つの角の和を回転角で表してみようか」

ある子どもが次のように話した。

「④の直角2つを合わせた角ならわかるよ」

そこで，まずは直角2つ分の角（④＋④）の大きさを回転角で作ってみることにした。ちょうど半円，角の大きさは一直線になった。

【図4：2直角を回転角で表現する】

続いて子どもたちのリクエストを聞くと，②＋②の角をつくってみたい，ということだったので，図5のように回転角を作りながら予想した。およそ直角のあたりで「ストップ」という掛け声が出た。その後，2つの三角定規をあてて確認した（図6）。

【図5：②＋②の角の大きさを予想する】

【図6：直角になるか確認している様子】

③ 三角定規の3つの角や四角形の4つの角への発展

この活動は，三角形の3つの角の和へ発展した。予想してみると，内角の和が180°であることを知らない子どもは，160°ぐらいにしてみたり，200°ぐらいにしてみたりと，いろいろ予想した。そして，実際に三角定規をあてて調べてみると，ほぼ半回転の角になった。一般的な三角形の3つの角の和でも予想してから確認した。やはり半回転の角になったことに驚いていた。

さらに，この活動は，四角形に発展させた。一般的な四角形を見せて4つの角の和の大きさを予想したところ，3直角ぐらいに思う子どもがほとんどであった。理由を尋ねると，「三角形の3つの角の和が半回転でしょ。四角形でもう1つ角が増えるから，もう1つ直角をつけるぐらいかな，と思いました」

ほとんどの子どもがこのような感覚を持っている中で，実際に4つの角を集めてみると，なんとちょうど1回転の角と同じになった。これには，子どもたちはとても驚いていた。

5年生の「図形の角」の学習につながる子どもたちにとって驚きの活動ができた。

新種発見！「○平行○垂直四角形」

青山尚司

1 はじめに

4年生の「垂直と平行」，「四角形」は，教科書会社によってどちらを先に学ぶのかが異なっている。四角形という図形から入るのか，垂直・平行という直線同士の関係から入るのかは意見が分かれるところである。

自分は「垂直・平行」を学習してから，「四角形」の学習に入る派である。なぜならば，四角形の構成要素である辺同士の関係が，垂直や平行になっていることを，児童自身が弁別の観点として使えるようにしたいからである。本稿で紹介する事例も，「垂直・平行」の学習を経てから行った，「四角形」の導入時の実践である。

2 正方形は「2平行4垂直四角形」

まず正方形を提示すると，子どもたちは「平行が2つ」，「垂直が4つ」と反応した。平行は向かい合う辺の関係であり，垂直は隣り合う辺の関係であることをそれぞれ確認し（図1），「四角形っていうのは，2平行4垂直な

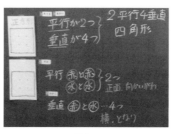

図1

んだね」とつぶやいた。「四角形＝正方形（長方形）」というイメージが強い子たちは疑いなく頷いている。しかし，「違うのもあります」という反応がすぐに広がっていった。そして，「2平行4垂直以外の四角形を見付けよう」と課題を設定した（以下，授業中と同じように，それぞれの四角形を「○平行○垂直」という呼び名で記す）。

3 2平行4垂直ではない四角形を探せ！

子どもたちは新種発見を目指し，配布された用紙のドットを結んで，次々と四角形を作っていった。多くの子どもたちは，まず1平行のものがあること，2平行でも4垂直ではないものを発見した。そして，1平行の仲間には，0垂直と2垂直があること，また，2平行の仲間には，4垂直の他に0垂直があることを発見した（図2）。このとき，「2平行は，1つを垂直にしたらどうしても4垂直になっちゃう」という発言があり，実際に図上でそのわけを確認した。また，0平行となる仲間がいることを見つけた子たちの中に，1垂

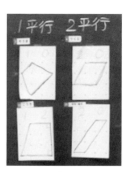

図2

直となる凹形四角形（図3）発見した子ども
や，0平行でありながら2垂直となる四角形
（図4）を発見した子どもがいた。これらが
出された時，意外な部分に直角ができている
ことに驚く反応が見られ，辺同士の位置関係
を注意深く観察するようになっていった。

図3

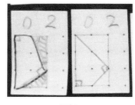
図4

その後，作った四角形を改めて整理し，平
行の数は，0か1か2であり，1平行のもの
を「台形」，2平行のものを「平行四辺形」
とよぶこと確認した。また垂直の数は，0か
1か2か4で，4垂直は2平行の場合しかで
きないこと，3垂直にしようとすると，必ず
4垂直になってしまうことなどが話し合われ
た。

4 垂直の意味の確認から意外な発見へ

本時の後半は，1平行1垂直がなぜできな
いのかも話題となり，「平行は1本の直線に
垂直な2本の直線だから平行が1組あって，
垂直を1つ作ると，必ずもう1つ垂直になる
から，2垂直になる」という説明があった。
平行の定義を用いた子どもの説明に対して，
「じゃあ，垂直って何だったっけ？」と問い
かけた。すると，ノートを見返して「交わっ
た時に直角ができる直線の関係」と話した子
に対して，「交わってなくても良いんだよ」
という発言があった。そして，また別の子が，

「そうそう伸ばして直角
ができれば……あ！」と
何か気付いた様子であっ
た。「どうした？」と問
うと，と何かひらめいた
様子であった。「どうし
た？」と問うと，「1平

図5

行1垂直できるかもしれない」と答えた。こ
こから子どもたちは，伸ばしていけば直角に
交わることになる辺を探し始めた。そしてあ
る子どもが発見したのは図5のような等脚台
形であった。長さが等しい2つの辺を上底側
に伸ばしていくと確かに直角ができるのであ
る。これを発見した児童は，両手で山を作る
ようなジェスチャーをしてみんなに伝えた。
そのジェスチャーが徐々に広がっていくとと
もに，「あ～！」「ホントだ！」といった声も
大きくなっていった。さらには，既に出され
ていた四角形の中で，0平行0垂直と考えら
れていた図6の凹型四角形
について，「だったらこれ
も辺を伸ばせば垂直が2つ
もできるので，0平行2垂
直です」という再発見も引
き出された。

図6

5 おわりに

平行だけでなく垂直も弁別の観点として考
えたことで，構成要素としての辺の関係を注
意深く見る児童の姿が引き出された。また，
この活動を通して，平行や垂直の意味や性質
についての理解も深まったといえる。

自分の考えを修正しながら概念を獲得していく活動にする

中田寿幸

1 導入は周りの長さの直接比較から

『花壇が4つある。周りの長さが長いのはどれ？』と問題を提示する。

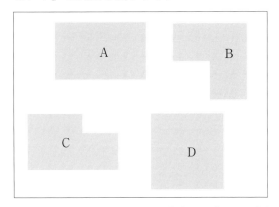

AとDの周りの長さが長く，BとCが短く感じる。確かめるために，AとC，BとDをそれぞれ重ねてみる。すると周りの長さは同じであることがわかる。このことに子どもは驚く。どうしてAよりもCの方が周りの長さが短いと感じたのだろうか。ここで，長さを比べるのに，広さを元に比べていたことに気付く。広いほど，周りの長さが長いと見ていたのである。重ねているのでCよりもA，BよりもDの方が広いことは確かめられていた。

では，AとDのどちらの周りの長さが長いのか，AとDを重ねてみる。

AはDよりも横に長い。DはAよりも縦に長い。それでもはみ出た部分の周りの長さを移動させて比べると，AとDが同じ長さであることがわかる。

ここまでで4つとも周りの長さが等しいことが確かめられた。問題に対しての答えは出すことができた。しかし，ここで「花壇の周りの長さは広さと関係ないのか」「花壇の広さを比べてみたい」という問題が新しくできてくる。自分たちが持っていた長さと広さに対する感覚がずれていることが子どもたちの問題となり，子どもから「広さ比べをしたい」という意識を引き出していったのである。

2 6cm^{2}の面積をつくりだす活動

2時間目に普遍単位を学習したのち，3時間目に形づくりを行った。

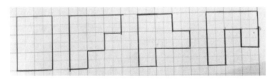

はじめのうちは1cm^{2}の正方形のまま形を作っていく。マスの凹凸を組み合わせて，色をつけてパズルのように組み立てていく子がいる。

2cmと3cmの長方形が6cm^{2}になる

ので，平行四辺形も同様になると考える子が出てきた。後から扱うとおもしろい誤答である。

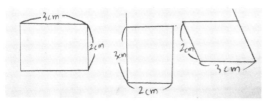

「斜めの線でもいいのかなあ」と机間巡視をしながら聞いてみると，「いいんじゃない？」という返事。

しばらくすると$1 cm^2$の正方形を半分に切って，$0.5 cm^2$の直角二等辺三角形を移動させて作り出す子が出てくる。

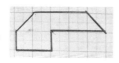

4つで$1 cm^2$になる0.25 cm^2の直角二等辺三角形を作る子も出てくる。

2×3の6マスを元に合同な形を移動させて面積を変えずに形を変形させる方法が出されてくる。

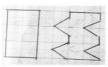

複雑な形を作り出す方向とは逆に，シンプルな長方形だが$0.5 cm^2$の直角二等辺三角形を使って長方形を作り出す子もいる。

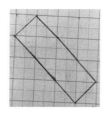

直角二等辺三角形を基本単位とみて，$0.5 cm^2$が12個で$6 cm^2$をつくる子もいる。

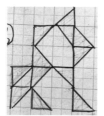

$1 cm^2$の正方形でないと面積ではないと思っていた子も，この活動で単位正方形でなくてもよいことを学ぶ。これは複合図形だけでなく，5年以降のいろいろな形の面積を学習していく素地となっていく活動である。

3 大きな面積の単位を実感する活動

長さの単位に比べると，広さの単位は量感を持ちにくい。具体的な場所をイメージしながら，大きな面積の単位を理解させていきたいと思う。

下は学校付近の航空写真である。学校の敷地の中に$1 a$と$1 ha$の正方形を置いている。子どもたちには教室と廊下で$1 a$であり，学校の敷地がだいたい$1 ha$であると教えている。しかし，これも地図上に表してみると，「こんなに大きいんだ」と驚く。一辺が$100 m$の正方形というのは確かに広い。

これが$1 km^2$になると，大人でもイメージをつけにくい。学校付近だけでなく，学区の地図の上に$1 km^2$の正方形を置きながら，$1 km^2$の中にどのくらいの家が入っているのか，どこからどこまでが$1 km^2$なのかなど，子どもに見出させたい。その際，地図の縮尺をもとに，自分で意図した場所に$1 km^2$をかいていくとよい。自分の住んでいる市町村に$1 km^2$の正方形を敷き詰めて面積を調べていく活動も楽しい。

4年「直方体と立方体」の楽しい授業

「ふたなし立方体」はできるかな？

夏坂哲志

1 ふたなし立方体の展開図

工作用紙で1辺10cmの正方形をつくり，それを右のように5枚つなげた形⑦を提示する。そして，「これは何でしょう？」と尋ねてみる。

⑦

この質問に対し，「箱」と答える子がいる。「組み立てると箱ができる」という意味だ。作って確かめたところで，「立方体」や「展開図」という用語を教える。

⑦を組み立ててできる形は，右図のように，立方体の箱の1面がない形である。この箱を，「ふたなし立方体」と呼ぶことにする。

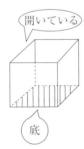

開いている

底

次に⑦の形を見せて，「⑦を組み立てると，ふたなし立方体ができるでしょうか？」と尋ねる。

⑦

子どもに予想をさせた後，実際に組み立ててみせて，「ふたなし立方体」ができることを確認する。

組み立ててできた箱の底にマーカーで〇をかく。底を見せて，〇がかかれてあることを確認した後，もう一度，展開図の形（このとき，箱の内側を表にして，底の〇を見えなくする）に戻し，「〇がかかれている正方形はどれでしょうか？」と尋ねてみても面白い。子どもは頭の中で⑦の形を組み立てながら考えることになる。

最後に⑦の形を提示して，「⑦は，ふたなし立方体の展開図でしょうか？」と問う。

⑦

意見が分かれるので，今度は，子どもたちに実際に作らせてみることにする。

組み立てて調べている子ども達の手の動きやつぶやきに注意深く目を向けると，「重なった正方形を1枚切り取って別のところにつなげれば箱になる」というようなことを言い始める子がいる。この言葉をクローズアップして，次の活動につなげていく。

右上の正方形を1枚切り取り，別の辺にくっつけて，ふたなし立方体の

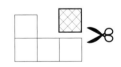

展開図に作りかえる。そのつなげる場所を考えるのである。この方法で作れるふたなし立方体の展開図は全部で6種類（その中の1つは⑦の形）である。

2 立方体の展開図

ふたなし立方体の展開図は，全部で8種類。

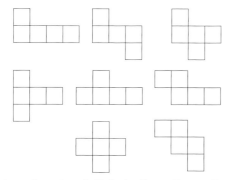

この中の1つを取り上げて，「この形にもう1枚正方形をつなげると，立方体の展開図を作ることができるよね。では，その"もう1枚"をどこにつなげればいいだろうか？」と問う。そして，立方体の展開図を見つける活動につなげていく。

ちなみに，上図のどの展開図の場合にも，"もう1枚"の正方形をつなげられる場所は4か所である。その結果を受けて「なぜ，どの形の場合も4か所なんだろう？」という次の問いを引き出し，考えてみるのも面白い。

３ 直方体の展開図

直方体の展開図は，全部で54種類ある。

本校OBの田中博史先生が担任していた小学4年生がこれを見つけたことは有名な話であるが，自分が受け持っている子にも，その子の追究活動を追体験させてみたい。

直方体の展開図を考える活動を行うときは，実際に手で長方形を並べながら考えさせるとよい。そこで，全員に長方形の6枚セットを持たせることにする。

子どもたち一人ひとりに，18cm×6cm，の工作用紙を1枚ずつ配り，これを，右上図のように切り分けさせる。すると，6cm×4cm，6cm×3cm，4cm×3cmの長方形が2枚ずつできる。（3種類の長方形を，種類別に色分けするとわかりやすい。）

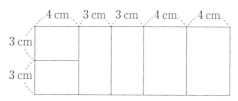

長方形の裏にマグネットをつけておくと，黒板に貼ることもできる。それを，黒板上に並べて，いろいろな直方体の展開図を作らせてみる。

全員の子に，自分が考えた展開図を黒板に貼らせてみると，"似ているけど違う"という形に気づく子がいる。

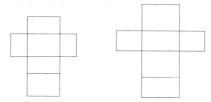

例えば，上図のようなものである。

立方体の展開図の中の，右図のタイプである。これを「十字架タイプ」と名づけることにする。このタイプの展開図は上の2つ以外にもある。全部を探してみると，6種類あることがわかる。

では，「十字架タイプ」以外の展開図はいくつあるだろうか。立方体の展開図は全部で11種類あるので，それぞれのタイプと同じ並びのものを見つけていく活動につなげていきたい。

※本稿は『算数授業研究』64号（p64-65），80号（p64-65），104号（p52-53）の抽文をまとめたものである。

5年「合同」の楽しい授業

直観的な「合同」を，論理的に説明する

森本隆史

◆2枚の正方形を使って

算数授業研究146号の連載で紹介した教材について，詳しく説明をする。146号をご覧になっていない読者の方もいらっしゃると思うので，改めて説明させていただく。

（A）

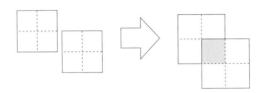

一辺の長さが10 cm の正方形が2枚ある。Aのように，半分に折った後，さらに半分に折る。図のように2枚の紙を重ねて，子どもたちに重なっている部分の面積を尋ねた。すると，25 cm^{2}だという答えが返ってきた。

（B）

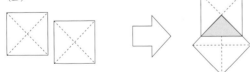

次に，Bのように2回折り，図のように重ねて，やはり重なっている部分の面積を問うた。子どもたちはすぐに，25 cm^{2}だと答える。AもBも，元の正方形の$\frac{1}{4}$だから25 cm^{2}になるということを子どもたちは説明した。

どちらも重なっている部分が$\frac{1}{4}$だということは，2年生の学習からわかる。

（C）

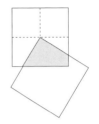

さらに，一方の正方形の角が，片方の正方形の対称の中心上にあるようにしながら，Aの状態からBの状態になるように少しずつ動かしながら途中で止めてCのようにした。

ここで，子どもたちに重なっている部分の面積が何 cm^{2}になるのかを尋ねた。A，Bのときと比べると，子どもたちの反応はとても悪かった。困っている感じである。

◆「多分25cm^2」

わたしはこのとき，「Aは25 cm^{2}だったね。Bも25 cm^{2}だったね。多分でいいんだけど，Cは何 cm^{2}になると思う？」と言った。

子どもたちは，「多分，Cも25 cm^{2}になると思う」と答えた。

Cが何 cm^{2}になるかよく分かっていない子どもが多い中，全員が予想することができた。

ここからが問題解決になるので，少し時間を取った。子どもたちからは主に2つの考え方が出てきた。

特集 「図形」領域の楽しい授業

◆直観的な「合同」から論理的な説明へ

　1つめの考えは，重なっている四角形の辺を伸ばすというものである。

　右の図のように辺を伸ばしていくと「同じ形」ができるというのである。だから，Cの場合も$100\,\text{cm}^2$の$\frac{1}{4}$の$25\,\text{cm}^2$になるという考えだった。

　この子どもがどうして辺を伸ばしてみようと思ったのかを問うことは大切である。「どうして，辺を伸ばそうと思ったの？」と尋ねてみると「何か見えてきそうな気がした」と言った。直観的にこのようなことを思って動ける子どもはすごいと思う。困ったときに，何もせずに動かないのではなく，これまでの経験から動ける子どもたちに育てていきたい。

　直線を引くことで，この形が本当に$\frac{1}{4}$になっているのかどうかはまだわからない。

　「確かに同じ形に見えるけど，本当に全部同じなのかな」と，子どもたちをゆさぶってみた。

　すると，ある子どもが全部切って重ねたらいいと主張した。これに乗っかって，実際に切って重ねてみる。多少の誤差はあるが，やはり重なる。5年生の子どもたちは，これで納得する。ただ，まだ論理的とは言えない。

　2つめの考え方も出てきた。

　重なっている四角形の中にある三角形を移動すれば，Aの正方形ができるから$25\,\text{cm}^2$になるという考えだ。

　子どもたちは，この2つの三角形は合同だと言った。そこでもう一度，

　「本当にこの三角形が合同だと言えるのか，今度は切らずに説明してみよう」と，子どもたちに言った。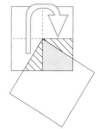

　これまで直観的に「合同」と言っていたのだが，説明するとなると，子どもたちにとってはハードルが高い。そこで，2つの三角形が合同だと言うためには，3通りあることを一緒に思い出した。

①3つの辺の長さがすべて等しい

②1つの辺の長さとその両端の角度が等しい

③2つの辺の長さとその間の角度が等しい

　子どもたちははじめに2つの三角形に直角があることに目を付けた。次にどちらも5cmになる辺(a)をみつけた。半分に折っているのでどちらも5cmになる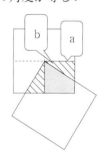

という。これはまちがっていない。あと1つの情報がわかれば合同が説明できる。②を使うのであれば角度，③を使うのであれば辺の長さだが，三角形の斜辺の長さはわからないことに気付いた。(b)の角度が同じことがわかればよいがわからない。「どこの角度ならわかるの？」と聞くと「直角が2つあるのはわかる」と言う。「ここもここも，直角だね」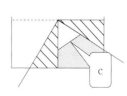

と印をつけると「あっ，(b)はどっちも直角から(c)を引いているから同じ角度だ！」直観的な見方が論理的な説明になった瞬間だ。

5年「三角形の内角の和」の楽しい授業

どんな三角形なら3つの角の和が簡単に求められそう？

大野　桂

1 実践の概要

本実践は，「三角形の内角の和が180°」であることを演繹的に明らかにすることを目指し，臨んだ授業である。

「三角形の内角の和を求める」という事象に直面した際の，子どもの素直なみえ方から授業はスタートするが，授業が進むにつれて，みえ方が変容・成長し，一般三角形についても図形の性質に着目しながら，「三角形の内角の和が180°」であることを演繹明らかにしていく授業である。

2 授業の実際

みえ方1：内角の大きさが既知の三角形

> どんな三角形なら3つの角の和が簡単に求められそう？

という問いかけで授業をはじめた。この漠然とした課題により，多くの子どもは，「正三角形なら簡単に求められる」と反応した。その理由は，「1つの角の大きさが60°と分かっている」であった。さらに続けて，「直角三角形も簡単」との発言が出た。私の想像通りで，その直角三角形は3つの角の大きさが既知である三角定規の直角三角形であった。

この段階での事象に対する子どものみえ方は，「角の大きさを知っている」という既知の事柄であり，図形の性質はまだ見えていないことが分かる。

みえ方2：直角三角形の性質

ここで，「直角三角形ってそれだけじゃなくて，いろいろな形があるよね」と揺さぶりをかけた。すると，「どんな直角三角形も，3つの角の和は180°と求められる」との発言が出て，「合同な直角三角形を組み合わせると長方形になる」を根拠に明らかにした。

子どものみえ方が，「直角三角形の性質」に変容した瞬間である。

ここで「直角三角形の性質」に着目したみえ方を深めるべく，「他にも三角形はあるけど……」と問いかけた。すると，「二等辺三角形も角の和が180°と言えそう」との発言が出て，以下の2通りの方法で明らかにした。

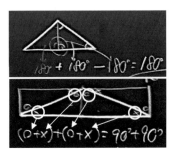

前頁上の板書は「二等辺三角形は直角三角形2つの組み合わせ」，下は「合同な直角三角形を敷き詰めると長方形」という，「直角三角形の性質」をもとに見出した方法である。

みえ方3：平行線の性質

二等辺三角形の内角の和の説明が終わるときである。ある子が，「だったら，底辺に平行な1本の線を，頂点を通るように引けばいい」と発した。

子どものみえ方が，「平行線の関係」へと変容した瞬間である。

みえ方が「平行線の性質」へ変容を促した要因は，ここまで角の大きさを○×の記号に置き換えて説明してきたが，その図を眺めていたら，錯角が見えたからだと推察される。

というのも，平行線を引いた後，「平行な2本の直線に1本の直線が交わるとき，その錯角は等しい」という性質に基づき，○を用いて錯角が等しいことを記入したからである。

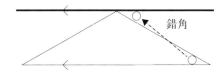

さて，話を続けるが，○を描き入れた図を眺めていた他の子どもが，感嘆した声で，「辺を延長した方がいい！」と発した。

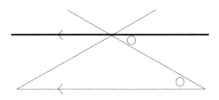

さらに，他の子どもが「対頂角は等しいから……」「同位角が等しいから……」と，延長した線によってできた角に○を記入した。

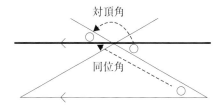

同位角・錯角・対頂角を用いて同じ大きさの角を記入していく作業を続けていくと，見えなかったものが見えたような感嘆した声で，「角が一直線に集まるから180°！」という声が多くの児童から上がった。

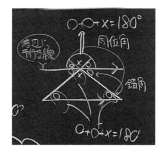

ここで，多くの子どもが「この方法を使えば，ただの三角形も説明できる」と発した。そして，平行線の性質を用いて，角を1直線に移動させ，内角の和が180°となることを演繹的に明らかにした。

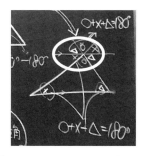

このように，子どもたちは自らのみえ方を変容させながら，「三角形の内角の和は180°」を演繹的に明らかにした。

5年「面積」の楽しい授業

論理的に考えて解決する楽しさ

盛山隆雄

1 問題提示

下図のように直角三角形の縦の辺を$\frac{1}{2}$，底辺を2倍にして三角形をかいた。

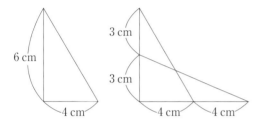

その上で，次のような問題を出した。
「2つの直角三角形が重なっている部分の面積を求めましょう」

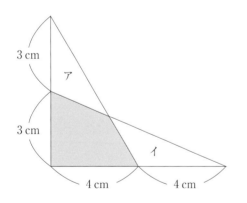

この問題に対して，「よくわからない」と言って，手がつかない子どもが何人もいた。

2 手がつかない子どもへの対応

そこで，次のように話した。
「まずは条件からわかることを何でもいいから図に書き込んでみよう」

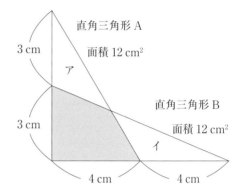

しばらく考える時間をとってから聞いてみると，ある子どもは次のように話した。
「2つの直角三角形の面積が同じです」

そして，次のような式も発表された。
（直角三角形A）
$4×6÷2＝12$　　$12\,cm^2$
（直角三角形B）
$3×8÷2＝12$　　$12\,cm^2$

すると，次のことに気が付く子どもが現れた。
「だったら三角形アと三角形イも同じじゃない？」
「そうだよね！」

こんな声が教室で飛び交った。詳しく聞いてみると，ある子どもが次のように話した。
「アとイの三角形は面積が同じです。だって，アもイも，同じ面積の直角三角形から色のついた四角形の面積を引いているからです」

3 つながる思考

　同じ面積の図形を探す目でこの図形を見始めた子どもたち。この見方が次の発想を引き出した。

「ここに1本の直線を入れると，もっと同じ面積が見つかるんじゃないかな」

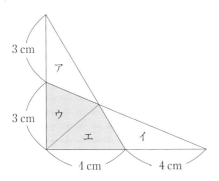

　この1本の補助線を見て，他の子どもたちの思考が動き出した。

「わかった！」と言って手を挙げる子どもに聞いてみると，

「三角形イと三角形エは面積が同じです」

「三角形アと三角形ウも面積が同じだよ」

　このように発見が続いた。その理由として，

「底辺の長さと高さが等しいから」と図を使って丁寧に説明された。

4 論理的な思考で解決する

　さらに次のことを見出した子どもがいた。

「アとウの面積が等しくて，アとイの面積が等しいということは，ウとイの面積が等しいってことでしょ。イとエの面積も等しいから，ウとエの面積も等しいです。結局ア，イ，ウ，エ全部面積が等しいってことだよね」

　ア＝ウ，ア＝イ，だから，ウ＝イ

　このような論理（推移律）を使った説明が登場した。

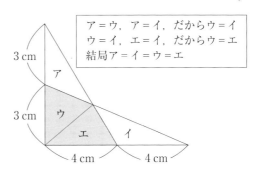

ア＝ウ，ア＝イ，だからウ＝イ
ウ＝イ，エ＝イ，だからウ＝エ
結局ア＝イ＝ウ＝エ

　推移律のような説明がわかりにくい子どもたちのために，次のような説明（図示）をしてくれた子どもがいた。

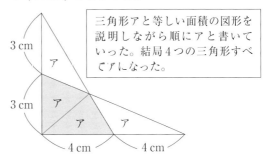

三角形アと等しい面積の図形を説明しながら順にアと書いていった。結局4つの三角形すべてアになった。

　ここまで見えてくると，いよいよ本丸の問題解決に挑む準備が整ったと言える。

「いろいろわかったことを使って，色のついた四角形の面積を求めることができるかな」

と投げかけた。すると，子どもたちは

「そうかあ。三角形のウやエは直角三角形の$\frac{1}{3}$の面積なんだね」

と言い始めた。そして，

「だったら色のついた四角形の面積が求められるよ！」

といった言葉が続いた。しばらく全体で考える時間をとってから発表してもらった。

（色のついた四角形の面積）

$12 \div 3 = 4$，　$4 \times 2 = 8$　$8 \, \text{cm}^2$

　計算自体はとても簡単である。図形の見方と論理が必要な楽しい問題であった。

5年「正多角形と円」の楽しい授業

間違えを修正しながら
きれいな正多角形を作り出していく活動

中田寿幸

1 間違えを修正していく導入単元の導入

　正多角形の性質を，活動を通して子どもに気付かせていきたい。子どもが間違いを修正しながら正答に近づいていける授業をつくりたいと思っている。

　教科書では，きれいな正多角形を紙でつくる導入をとりあげているところが多い。

　円形の折り紙を使うと，正多角形の中心までの長さをそろえることができ，正多角形が失敗なく作れる。円の折り紙は円切りカッターで作ったこともあるが，今はネットで購入できる。理科のろ紙を使ってもよい。しかし円の折り紙を使わないことをお勧めしたい。

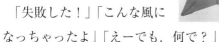

　正方形の折り紙を直角三角に3回折る。そしてはさみで直線で切るときれいな正八角形ができる。

　ところが三角形をどの向きで切ったらいいのか切り方をきちんと教えていないものだから，右のように失敗してしまう子が多く出る。ほとんどの子がうまくいかない。

　「失敗した！」「こんな風になっちゃったよ」「えーでも，何で？」

　子どもたちは笑いながら，見せ合いながら，「どうやって折ったのか」「どうやって切ったのか」「切る方向は」「傾きは」などの追究を始める。

　正八角形は合同な二等辺三角形が8個集まってできていることが見えると，辺の長さが等しいのはもちろん，頂点から中心までの長さも8本とも

同じ長さになっていることがわかる。そのことに気付かせたいので，長さのことは教えないようにした。すると子どもたちはみんなで間違える。そして，その間違えを修正していこうと考えるのである。

　折り紙の折り方は，三角形に3回折るのではなく，四角形に3回折るときもある。これは正多角形の中心の位置を意識させたいときに行う。三角に折るよりも四角に折った方が，どこを切ったらいいのか中心を考えなくてはならなくなり，難易度が上がる。難易度が上がる分，子どもたちは深く考えていくようになる。コピー用紙を使ってもよい。正八角形の中心がどこになるのか，紙を開いたり閉じたりしながら，切って残る形が対称の位置にどのように残っていくのかイメージしていく

のである。

なお，失敗してできた形も星形だったり，正方形だったりするが，きれいな形になる。それは対称になっているからである。どのようにしたら，この形ができるのか，意図的にその形ができるように考えていく活動も楽しく，対称な形への理解が深まる。

この題材で授業をしはじめたころは「きれいな正多角形を作らせたい」と思って作り方を説明していた。しかし，どんなに丁寧に説明しても失敗してしまう子は出る。だからこそ，子どもが失敗を修正していければいいことに気付き，私自身が失敗を修正して作り直した授業である。

2 角を増やすと円に近づくことを実感する

正八角形ができたら，4回折って正十六角形，5回折って正三十二角形と発展させて作っていく子どもがいるだろう。折るのも難しくなっていくが，挑戦していく子どもがいる。できあがると円に近づいていることがわかる。

パソコンで正五十角形を作って見せることをするとよい。

【角の数を設定している画面】

できた正五十角形はほぼ円である。部分的に拡大してみると辺1本ずつは直線になっていることが確かめられる。

夏休みに正百角形を大きな紙にかいてきた子がいた。初めはコピー用紙1枚にかいていたが，書ききれずに2枚，3枚……と増やしていき，最終的には一辺が1m近い紙に正百角形を作ることに成功した。できあがりは，ほぼ円である。しかし，近づいてよく見るとやはり直線になっているのである。

3 PCを使って一人一人が操作する活動

① PCを使って正多角形の敷き詰め

ネット上には無料で楽しめる敷き詰めサイトがある。正三角形，正四角形，正六角形の3つ以外は敷き詰められないことを実際に敷き詰めながら実感させたい。そして，どうして正五角形や正八角形は敷き詰められないのか理由も考えさせたい。

②正三角形，正四角形，正六角形を元に，変形させて平面充填できるサイトもある。変形させると対称の位置が一緒に変形してくれるので，最後はボタン1つで敷き詰め模様ができる。昔は折り紙を重ねて切って作ったものだが，一瞬でできてしまうのには驚く。しかし本当は対称な位置を確かめながら形を変形させたり，1つ1つ向きを変えながら置いて敷き詰めさせたりしたいところではある。

③プログラミングで正多角形の作図ができるサイトもある。辺の長さと内角の大きさを指定して，正多角形を作図するのは難しい。角が多くなればなるほど，誤差ができてしまう。しかし，PCならば確実にできる。

④生活の中の正六角形をみつける

正六角形は生活の中のどこにあるのかは探して見つかるものではない。ネットで調べると雪の結晶，ハチの巣，サッカーボール，サッカーゴールネットなどがあり，それがどうして正六角形になっているのか，その理由を考えることができる。

6年「対称な図形」の楽しい授業

同じ形が2つ見えるよ

夏坂哲志

1 分けた理由を考えよう

はじめに，次の6種類の形を1枚ずつ黒板に貼っていく。「家の形だ」「これは鳥だね」のように，形の特徴を捉えている子もいた。

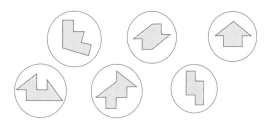

全部を貼り終えてから，子ども達を全員起立させ，次のように言う。

「この6つの形を，4年生の子が仲間分けしました。その子が分けたように，1枚ずつ黒板に貼っていくので，分けた理由がわかったら座りましょう」

黒板上に〔A〕と〔B〕の枠をかき，そこに上の6種類の形を1つずつ移動させていく。

〔A〕グループ 〔B〕グループ

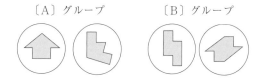

6つの形のうち，4枚目までを上図のように貼り終えたとき，クラスのほぼ全員が着席した。それは，仲間分けの理由がわかったということを意味する。

しかし，形はまだ2つ残っている。黙って右の形を〔A〕グループに加えた。

すると，一度座った一番前の女の子が，ゆっくりと再び立ち上がろうとした。

そこで，「分けた理由がわからなくなったら，もう一度立ってもいいんだよ」と言うと，他の子たちも再び立ち始めた。

さらに，残りの1枚（右図の形）を〔B〕に置くと，全員が立つことになった。

2 どのように分けたと思ったのかな

〔A〕と〔B〕それぞれのグループに2枚ずつ置いた段階で，子ども達は一旦，「分類の観点がわかった」という反応を示している。そこで，その時点で，どう考えていたのかをたずねてみた。

〔A〕について，一人目の子は，右の写真のような図を黒板にかきながら，「真ん中に鏡を置いて映したような形」だと話した。また，別の子は，「半分に折ると重なる形」だと発言した。

つまり，「線対称な形」だと捉えていたのである。そこに，明らかにその条件に当てはまらない形が加えられたために，困ってしま

ったというわけである。

続いて〔B〕であるが，こちらは，「真ん中の点を中心に一回転させたときに最初の形に戻る形」だと子どもたちは捉えた。

つまり，「点対称な形」であると捉えていたことになる。こちらも，最後の一枚が，その条件には当てはまらない。

〔B〕については，さらに「同じ形が2つ見える」と言う子がいた。「（右の形の中には）どんな形が見えるの？」とたずねると，多くの手が挙がった。そこで，挙手をしている子たち全員に，その形を黒板にかいてもらうことにした。

下の写真はその中の一例である。分け方は違うが，どれも1つの図形の中に，2つの同じ形が見えていることがわかる。

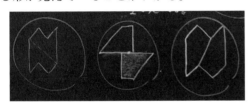

このような見方を共有しているうちに，「6つ全部の形に同じ形が見える」と言う子が数名出てきた。

右図のような「矢印の形」が2つ見えるというのだ。

3 「矢印の形」の組み合わせ方の違い

子ども達は，「矢印の形」の組み合わせ方で4つの仲間に分けた。

まず，〔A〕グループに最初に貼った2枚であるが，この2つは，「矢印の形」を1本の直線で「ぱたん」と裏返した形だと言う。

そして，〔A〕グループに最後に貼った1枚は，「ぱたん」をした後，さらに「スライド」している。

〔B〕グループは全て「矢印の形」を「回転」させてくっつけたものである。ただし，最初の2枚は180度回転させたもので，最後の1枚は90度回転させたものだと子ども達は説明した。

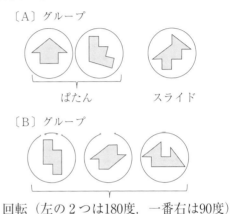

回転（左の2つは180度，一番右は90度）

4 「矢印の形」2枚を並べて作ってみよう

最後に，この6種類の形を，「矢印の形」を組み合わせてつくることにする。板書用に用意した「基の形」は，片面が黄色の工作用紙。裏は灰色になので下図のようになる。

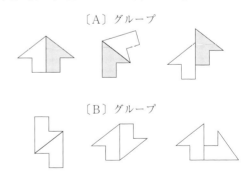

〔A〕は1枚を裏返し，〔B〕はどちらも同じ面のまま組み合わせていることがわかる。

〔参考〕『算数授業研究』142号（pp.44-45）

6年「円の面積」の楽しい授業

むだなく使う目的から求積公式へ

青山尚司

1 はじめに

図1は，以前行った授業の板書である。この授業では，円の求積に向かう際に，「今までに習った図形にして考える」というアイデアを引き出し，円を細かく等分した扇形の実物を用いて求積方法を考えていった。

図1 円の求積公式を導き出した授業の板書

子どもたちは円を，平行四辺形や三角形，台形，2つのひし形など，変形する方法を多様に考え，これまでに学習してきた求積公式に帰着させながら，どの方法でもたどり着く円の求積公式を作り上げていった。

このように，子どもから引き出された多様な求積方法を，公式に統合していく学習は楽しいものである。また，この学習が既習との関連を図る上で重要であることは言うまでもない。しかし，円周の曲線部分が底辺などの直線になることに納得できない子が少なからずいたのであるが，多様な方法が出されたことで，そこの部分の議論が十分にできず，大まかに直線と捉えることができるという強引な指導をしてしまったことが心残りであった。

そこで，一般的な指導とは違ったアプローチで円の求積公式に迫っていく展開を考えている。以下，構想段階であるが，読者の皆様も一緒にお考えいただけたらと思う。

2 長方形からできるだけ大きな円を作る

長方形の紙を配布し，「この中に，できるだけ大きい円を1つ入れます」と伝える。多くの子は，「これが一番大きい」と，図2のように，直径が長方形の縦の長さと同じ円を選ぶであろう。すると，

図2 縦が直径の円

「隙間があってもったいない」という子が，「半分に切ったら入るかな？」と，長方形の縦が半径となる半円を入れようとするのではないだろうか。しかし，もう半分を入れようとすると，図3のように重なる部分ができてしまう。このことから，

図3 縦が半径の半円

重なったり，はみ出したりしないように意識しながら，できるだけむだな隙間をなくすという目的で，円を長方形に近づけていく活動に入っていくのである。

子どもたちが進むと思われる方向は2つある。1つは，図4のように，2つの半円がちょうど収まる半径に

図4 半円の半径を調整

調整することである。そしてもう１つの方向は，半円ではなく，図５のように，さらに半分の四分円に分割してみると発想することである。

図５　縦が直径の四分円

　これらを比較すると，長方形の中にきちんと納まっている図４の方が良いという意見をもつ子もいるであろう。そこで，「もうこれ以上大きな円を入れることはできないのかな？」と問い，「四分円の半径を小さくしたら入る」，「$\frac{1}{8}$ にしたら入りそう」といった，さらに細分化していく案を引き出したい。実際にやってみると，四分円の半径を調整した方は，長方形の中に納まり（図６），円の $\frac{1}{8}$ の扇形を並べ

図６　四分円の半径を調整

替えた方は，最後の１枚がはみ出してしまう（図７）。

図７　縦が半径の扇形（$\frac{1}{8}$）

3　細かく切るほど隙間がなくなる

　次に子どもたちは，$\frac{1}{8}$ の扇形の半径を調整することや，扇形をさらに半分の $\frac{1}{16}$ にすることを考えるであろう。しかし，半径を調整する方法は，枚数が多くなるほど煩雑になり，調整も難しくなるため，以降は細分割していく方向に進むと考えられる。半径が縦の長さの円を16等分した扇形を，長方形の左端から順にはめていき，ほぼ隙間なく長方形に近づいていく過程を見ると，子どもたちの期待は高まるであろう。しかし，実際は図８のように，最後

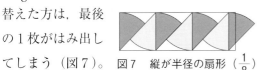

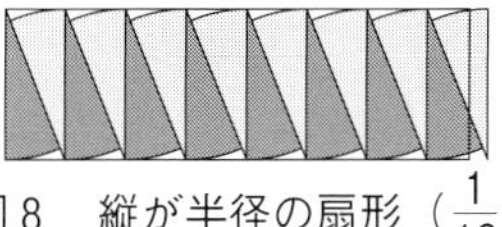

図８　縦が半径の扇形（$\frac{1}{16}$）

の２枚が若干はみ出してしまう。ここで，確実に隙間が小さくなっていることへの着目を促し，「$\frac{1}{32}$ にしたら今度こそ入りそう」という声を引き出したい。そして，円の $\frac{1}{32}$ の扇形を敷き詰めていくと，図９のように，ほぼ長方形に納まるのである。

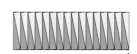

図９　縦が半径の扇形（$\frac{1}{32}$）

このことを共有し，細かくすればするほど，長方形に限りなく近づいていくことへの理解を深めたいのである。

4　辺の長さへの気付きから公式化へ

　なお，子どもに配布する長方形は，縦10 cm，横31.4 cm にする予定である。このことに気付いた子は，この長方形の面積が，「$10 \times 31.4 = 314 (\mathrm{cm}^2)$」であると反応するであろう。そして，長方形の縦は円の半径で，横は円周の半分であることから，この長方形とほぼ同じ面積である，半径10 cm の円の面積を，「半径×円周の半分」という式で求められることを確認する。さらに図10のように式を変形しながら求積公式につなげていきたい。

> 円の面積 ＝ 半径×円周の半分
> 　　　　 ＝ 半径×直径×円周率÷2
> 　　　　 ＝ 半径×半径×円周率

図10　式を変形して公式化

5　おわりに

　むだな隙間をなくす発想は，傘の布の部分を作る時や，ショートケーキを箱に入れる時など，生活の場面で実際に使われている。等積変形のアイデアは，求積の技能としてだけでなく，生活場面で用いられている実用的な例と関連付け，柔軟に働かせる見方・考え方として育てていきたい。

図形の感覚が豊かになる作品・活動

青山尚司

図形の学習は，具体的な操作を通して実感のこもった理解を味わうことができるよさがあります。また，そのような活動を重ねることによって，子どもたちの図形感覚は豊かになっていきます。

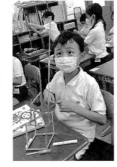

例えば，低学年の子たちに算数セットの中にある数え棒を使って，「できるだけ高いタワーを作ろう」と呼びかけると，試行錯誤の末に，倒れない安定した形を見いだしていきます。

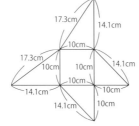

また，6年生の子どもたちに，厚紙に印刷した右のような展開図を与えると，それぞれが四角錐を作り上げ，できあがった子どもが，友達と同じ面同士をくっつけて遊び始めます。そのうち，この四角錐を3つ組み合わせると，1辺10cmの立方体ができることに気付き，子どもたちは驚きます。このような体験から，錐体の体積が柱体の$\frac{1}{3}$であることを感覚的に学んでいくわけです。

このように図形の学習の中には，本質の理解の素地となる，感覚を豊かにする作品作りや活動がたくさんあります。それらを紙面に

して伝えるために，特集2では，グラビアページで紹介していきます。

誰でも簡単に実践することができ，子どもたちが生き生きと活動しながら，図形についての感覚を豊かにしていくことができる実践事例をぜひご覧ください。

なお，『算数授業研究』では，毎号，裏表紙に子どもの作品を中心としたグラビアを掲載しています。

本誌を手に取った時に，真っ先にご覧になる方もいらっしゃるかもしれませんが，後になってから，「あ，こんな実践紹介があったんだ」と気付く場合も多いのではないでしょうか。付録的なページですが，それらを並べてみると，面白い実践がカラーでわかりやすく紹介されていることが分かります。

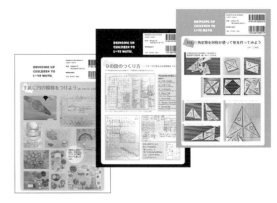

これを機に，次号以降も裏表紙にどのような実践が載っているのかを楽しんでいただけたら幸いです。

シルエットを，パターンブロックでしきつめよう

1つの形の中に，他の形を見いだす感覚を育てる

夏坂哲志

星形のシルエットを
パターンブロックで
しきつめてみよう。

しきつめ
ました！

パターブロックの並べ方を
点線入りの枠にクーピーで
塗って記録しよう。

星形の
色ぬり完成！

 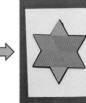   

同じシルエットでも，
形の組み合わせは
いろいろあるね。

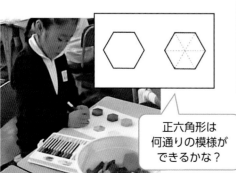

正六角形は
何通りの模様が
できるかな？

① つぎのブロックをつかって，
上のかたちをつくりましょう。

使うブロックの
条件が決められ
ると難しいね。

② つぎのブロックをつかって，
上のかたちをつくりましょう。

参考：『パターブロックタスクカード基本50選』，『パターブロックでわかる楽しい算数の授業』（東洋館出版社）

三角形・四角形のピースのあるパズルを作ろう

直線で囲まれた形づくりの活動を通して，三角形・四角形の概念を深める活動

大野 桂

※ 特集1：2年「三角形と四角形」の続きの作品作りの活動です。活動の詳しい内容については，P.06-07を参照してください。

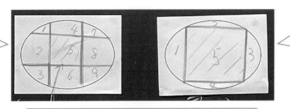

三角形・四角形の
ピースのある
パズルを作ろう

5ピースのパズル
と9ピースのパズ
ルができた

たくさんのピースの方がパズルは面白いよ

3本の直線なら，
三角形ができて，
最大7ピースだ

4本の直線は四
角形ができて，
9ピースだ

4本ならもっとたくさんのピースのパズルが作れそう

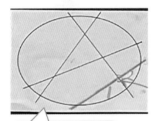

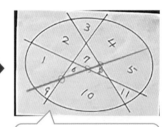

1本に交わるよう
に引くと2ピース
増えて9ピース

2本に交わるよう
に引くと3ピース
増えて10ピース

3本の交わるように引く
と4ピース増えて11ピ
ースで，これが最大だ！

円を使って描く三角形

円周上の点を結んでできる三角形から、円の中心と半径を使ってできる三角形を描く活動

中田寿幸

二等辺三角形をコンパスで作図する前にしておきたい活動

12個の点から3つの点を選んで二等辺三角形をかこう

簡単だよ！

本当に二等辺三角形かなあ

長さを測ればいい！

コンパスでも比べられるね

ならべるときれい！

あれ？　正方形になっちゃった！

二等辺三角形に見えるけどなあ？

長さがちがうかな？

長さを測らなくてもわかるよ

直径が一番長いから，もう1つは直径より短くなる

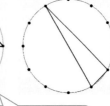

正三角形をかこう

ならべるときれい！

円の中心を使っても正三角形がかけるね

あれ？二等辺三角形になっちゃった

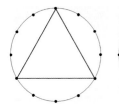
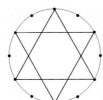

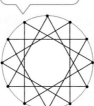

点が無いと正三角形はかけないかなあ

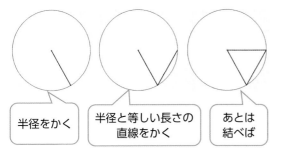

半径をかく

半径と等しい長さの直線をかく

あとは結べば

あれ？二等辺三角形になっちゃった

二等辺三角形は簡単にかけるね

円を使って素敵な模様がかけるよ

色を付けると線対象にも点対称にもなる

2枚の三角定規を使ってできる角度

角度の合成・分解，移動を繰り返し，加法性や保存性への実感を深める活動

青山尚司

まずは
三角定規の
角度を確認

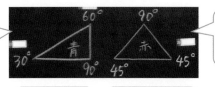

あれ？　角度が
15°ずつ
増えている？

小さい順に
並べて
みよう

30°より
小さい角度
もできるよ

ここに75°
があると
いいな

赤と青の2枚を
組み合わせれば
どんどんできる

15°違いで
どこまで
できるかな？

あれ？165°
ってどうやって
作るの？

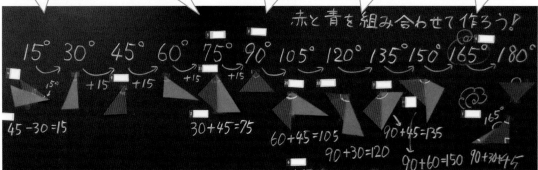

こうすれば
165°が
できるよ

どうしてそこ
が165°って
言えるの？

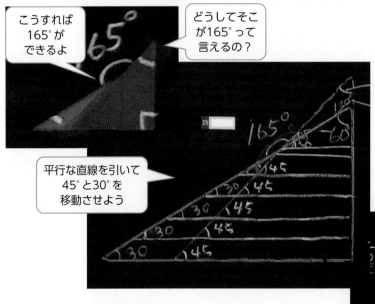

ノートの線は
平行だから
簡単に描けるよ

平行な直線を引いて
45°と30°を
移動させよう

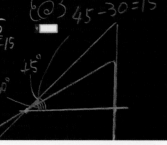

その15°を
180°から引いて
165°になるんだね

同じ位置まで移動させた
45°から30°を引けば
15°になる

図形の感覚が豊かになる作品・活動 5年「正多角形」

サッカーボール
合同な正六角形でサッカーボールをつくる活動

盛山隆雄

A4の紙を折って，正六角形を作ろう

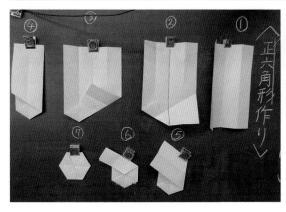

きれいに正六角形ができたよ！
正六角形は何枚必要なのかな？

正六角形を組み合わせてサッカーボールをつくろう！

しまった！
これでは面が曲がらない。

やり直そう。

正六角形20枚でできました。

正五角形は12枚ですね！

（新しい問い）
サッカーボールの辺や頂点の数はいくつ？

辺以外も切り開く展開図

立体図形と平面図形を関連づけて図形を見る活動

田中英海

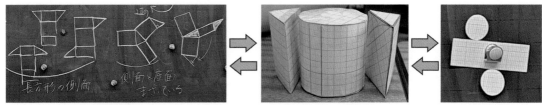

展開図　　　　　　　　　角柱・円柱　　　　　　　展開図

辺以外も切り開く
展開図をつくろう

> 辺にそって切り開いて，平面の上に広げた図を展開図といった
> けれど，円柱については，辺ではなく面を切り開いている。
> 面を切り開いてよいとしたら……！？

> 円柱の底面を中心で切り開いてみたよ

展開図の作品づくり

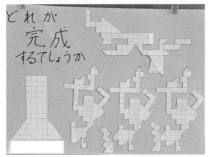

> 立方体
> 人工衛星

> 円柱
> ロケット
> 月・地球

> 三角柱
> パズル

> 六角柱
> ひまわり

自分のジオデシックドームを作ろう

小さいジオデシックドームを作成するには三角形の長さをどうすればよいのかを考え、
実際に作る活動

森本隆史

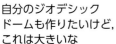
自分のジオデシックドームを作ろう

自分のジオデシック
ドームも作りたいけど，
これは大きいな

もう少し小さいドームを作るために
どうすればいいんだろう？

4分の1に縮小しよう！

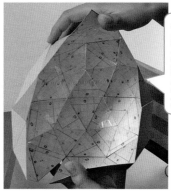

4.8cm，4.8cm，
5.4cm の
二等辺三角形が60枚
5.4cm の正三角形が
20枚も必要だよ。
大変だ。

正三角形の辺の長さを
測ってみよう

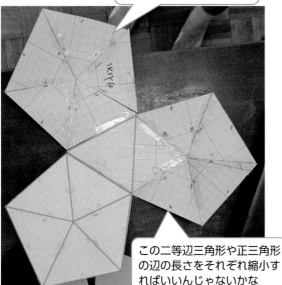

この二等辺三角形や正三角形
の辺の長さをそれぞれ縮小す
ればいいんじゃないかな

平行な直線をうまく使えば
合同な三角形が一気にかけたよ

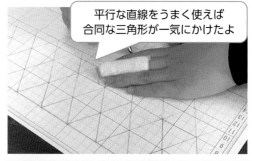

図形の見方に着目して筋道立てて考察する

国立教育政策研究所教育課程研究センター
研究開発部 笠井健一

1 「B図形」の領域のねらい

『小学校学習指導要領（平成29年告示）解説算数編』（以下『解説』）では，「B図形」の領域のねらいを，次の三つに整理している。

・基本的な図形や空間の概念について理解し，図形についての豊かな感覚の育成を図るとともに，図形を構成したり，図形の面積や体積を求めたりすること
・図形を構成する要素とその関係，図形間の関係に着目して，図形の性質，図形の構成の仕方，図形の計量について考察すること。図形の学習を通して，筋道立てた考察の仕方を知り，筋道を立てて説明すること
・図形の機能的な特徴のよさや図形の美しさに気付き，図形の性質を生活や学習に活用しようとする態度を身に付けること

これらは上から，資質・能力の三つの柱「知識及び技能」「思考力，判断力，表現力等」「学びに向かう力，人間性等」に対応している。

ここで，図形を構成する要素とは，辺，角などのことであり，低学年から基本的な図形について，辺の数，角の数に着目して図形を分類したり，辺の長さや角の大きさが等しいことに着目して，図形を分類したり図形の性質を調べたりする。図形を構成する要素の関係には，辺や面の平行や垂直といった位置関係や数量的な関係がある。数量的な関係とは，三角形の三つの角の大きさの和が180度であることなどである。これらは第4学年から着目させていく。また，図形間の関係とは，二つの図形が合同であることなどである。これらは第5学年から着目させていく。

学年が進むとともに，このように図形を考察するための，着目する視点が増える。

新たな見方が獲得されたとき，既習の図形をその見方で統合的に捉え直すことが大切である。例えば，第4学年では，これまで学習した正方形，長方形などを平行，垂直といった見方で捉え直し，第5学年では，角柱における底面，側面といった見方で既習の立方体，直方体を捉え直し，第6学年では，線対称，点対称といった見方で，正方形，長方形，平行四辺形，台形，ひし形などを捉え直すことになる。

2 「図形」の内容の外観

『解説』では，この領域で働かせる数学的な見方・考え方に着目して内容を次の四つにまとめている。

① 図形の概念について理解し，その性質に
ついて考察すること
② 図形の構成の仕方について考察すること
③ 図形の計量の仕方について考察すること
④ 図形の性質を日常生活に生かすこと

今回の改訂から，図形の領域に，図形の面積や体積などの内容を移している。面積や体積を求める際に働く数学的な見方・考え方は，測定の領域で働くそれと導入においては同じである。けれども，基本的な平面図形や立体図形について面積や体積を考察する上で，図形を構成する要素など，図形に関する数学的な見方・考え方も働くと考えられるからである。

例えば，平行四辺形は第4学年で学習し，その中で，平行四辺形を1本の対角線で分けると三角形2つ（この2つの三角形は第五学年では合同と呼ぶことになるが）に分けることができることも学ぶ。このことは，平行四辺形や三角形の面積を求める際に既習の知識として活用されることになる。

3 筋道を立てて考察することについて

図形の性質や計量の仕方について，筋道を立てて考察することが大切である。

小学校の算数で，筋道を立てて考察することの一つは，帰納的に考察することである。

例えば，いくつかの三角形の3つの角の和を調べたらどれも180度であった。ということは，いつでも三角形の3つの角の和は180度ではないだろうかと考察を進めることである。

また，演繹的な考察もある。四角形に一本の対角線を書いて2つの三角形があるとみると180度が2つあることになることから，四角形の4つの角の大きさの和は，360度であると考えることである。

これらは，多角形の角の和について考察を進めていく単元での活動の中で行われるが，このように一つの単元で，考察の仕方が異なることがあることに注意が必要である。

他にもある。底辺が5cm，高さが4cmの平行四辺形は，縦が4cm，横が5cmの長方形と等積変形することができる。よって，もとの平行四辺形の面積は4×5で20cm²であると考えるのは演繹的である。この後，この一つの事例をもとに，いつでも平行四辺形の面積は，底辺×高さで求めることができると考えるは帰納的な考えである。現在，多くの授業で，説明しようということが行われているが，その説明は帰納なのか演繹なのかを教師が知っていることが大切である。

また，低学年でも演繹的な考察はある。例えば，いくつかの形の中から三角形を選ぶ活動において，「この形は，3つの辺で囲まれているから三角形です」と三角形の意味をもとに説明するのは，演繹的な考察である。

すべての子供たちがこの図形は何かを答えられるだけでなく，なぜこの図形はこれなのかについて説明できるようになることが求められている。

図形に親しみ，楽しむ子を育てる

感覚と論理を結び付け，算数のよさや美しさを味わう

明星大学・明星小学校　細水保宏

1 感覚と論理

　横断歩道を斜めに横断する姿をよく見かける。本当はしてはいけないのであるが，斜めに行く方が真っすぐ渡り曲がるよりも短い距離で行くことができるからである。

　数学的に言えば，「三角形の斜辺の長さは，他の2辺の長さの和よりも短い」という性質から論理的に説明づけることができる。

　しかし，一般に図形の性質と結びつけずに何気なく行っていることが多い。それは感覚や体験で得られたものとして身に付けているからである。もしそこに論理の裏付けを手に入れたならば，体験する度に学習したものを活用している自分がほんのちょっと誇りに思え，図形により親しみを覚えていくのではないだろうか。

　例えば，「なぜマンホールの蓋は丸いものが多いのかな？」と感覚的に捉えた事象を「四角形だと1つの辺の長さはその対角線よりも短いため万が一蓋がはずれてしまった場合中に落ちてしまう。しかし丸い形だと直径より長い部分がないので中に落ちることはない」と図形の性質と結び付く論理を手に入れたならば，「なるほど！」とともに身の回りの図形により親しみを覚えるようになるであろう。

　身の回りは図形に溢れている。感覚的に美しい，おもしろいと感じたものに論理が結びつくと，算数のよさや美しさを味わうことができる。つまり，感覚と論理は，相反するように捉えがちであるが，感覚と論理とが密接に結びつくと，図形に対する親しみもより豊かなものになってくると考えている。

2 体験が感覚を豊かにする

　正方形を1本の対角線で切ると，合同な直角二等辺三角形が2つできる。長方形を1本の対角線で切ると，合同な直角三角形が2つできる。

　折り紙や色板で遊んだことがある子どもであれば，2枚の合同な直角二等辺三角形や直角三角形で正方形や長方形を容易に作ることができる。例えば，2枚の合同な直角二等辺三角形では，3種類の図形ができる。2枚の合同な直角三角形では，6種類である。各辺で2種類ずつ，3辺で6種類と論理的な説明も付けることができる。

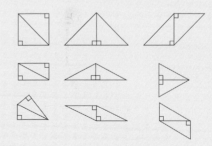

パターンブロックで六角形を作る活動を行う。黄色の六角形のブロック１個を赤の台形のブロック２個置き換えることができる。青のひし形のブロックでは３個，緑の正三角形のブロックでは６個である。また，１種類ではなく，２〜３種類のブロックを組み合わせて作ることもできる。

同じ形を作るという体験活動は，図形を合成したり，逆に図形を分解したりして捉えるという感覚も磨いていることにもなる。

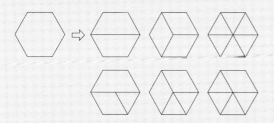

この感覚は図形の求積の学習に生きて働く力となる。また，同じ形を作るために残りの形をみていく過程は，見えないところに線をみる力や補助線を引く力にも結びついている。

３　図形に親しみ，楽しむ子を育てる

大学生に実際に１円玉を手に持たせ，「１円玉の周りの長さはどれくらいあると思う？」と問いかけてみる。

「１cm，２cm，３cm，…」とそれぞれ思うところに手を挙げさせると，一番多く手が挙がるところは，３cmか４cmのところである。見た目（感覚）としてはそう見えるのが自然であろう。

そこで，「６cmちょっと」と声を出すと，「えっ〜！」との声が決まって聞こえる。なぜ，「えっ〜！」と声あがったのかと言えば，

想定外に出会ったからである。自分で「これだ！」と想定して，想定外，つまりそれが裏切られたときに大きな感動が生まれてくる。

「冗談，冗談。実は，３cm，４cm，５cmかな」と正解を言わないと，自分から調べてみようとする主体的に動き出す姿がみられる。「６cmちょっと」が正解であることを知って「へぇ〜」と驚きの声が上がる。

次に，調べてみる動き方を紹介する。まず，一番多くみられる定規に沿って１円玉を１周り転がす方法を認める。次に，直径を測りそれに円周率をかけて求める方法を取り上げる。すると，既習の演習を求める公式と結びつき，「なるほど！」との声が上がる。

この一連の活動を「図形に親しみ，楽しむ」の観点から考えてみると，授業づくりのヒントが幾つか見えてくる。

○日常よく見かける図形が対象であること
○自分の「問い」をもつこと
○解決したいとの想いをもつこと
○自分の立場（想定）をもって臨むこと
○想定外に出会えること
○自分の考えと異なる考えに出会うこと
○既習の知識との繋がりを実感できること
○新しい「問い」が生まれてくること

「えっ？」「へぇ〜！」「なぜかな？」「なるほど！」「だったら，〜」といった声が聞こえてくる楽しい授業づくりを目指していきたい。また，「楽しさ」には質がある。その質の豊かさを追究していきたい。

教師自身が図形に親しみ，楽しむことが追究の扉を開く一歩になると感じている。

数直線図　中学年の数直線図の具体的な指導

田中　英海

ツーランク
アップの
ポイント

①教える表現ではあるが，子どもの素朴な表現から図をつくる。
②結果を読み取らせるのか，過程を読み取らせるのかを意識して指導する。

1 「数直線図」の指導の段階

初等教育学＜算数科＞授業づくり講座の第3回（131号）にOB山本良和氏が数直線図の指導段階について整理している。本稿では，第3・4学年における具体的な指導法について述べていく。

2 素朴な表現を関連付けて高める

中学年の数直線図（テープ図との組み合わせも含む）の表現を0から子どもから生み出すことは難しい。一方で教師が全てを示すのではなく，素朴な図やアレイ図からテープ図，数直線図を関連づけて指導していく。

> 3こで80円のグミがあります。このグミを12こ買うとき，代金はいくらでしょう。

かけ算の問題場面では，アレイ図をかいた後，1つ分のまとまりを囲むこと（①）は2年の既習である。また加減ではテープ図を学習している。テープの中に○をかいた表現（②）がある。表現の違いについては「同じことを表している図にみえる？」と問い返して関連付けるといい。テープ図には1つ1つの数量を書かず大きな数を長さで表せるよさにも気付かせたい。（※先の問題では，グミが全部で12個なのか（①），3個入りのセッ

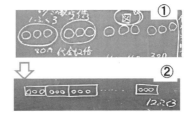

トが12ふくろなのか（②）場面を明確にするため図に表された。）

4年の授業では，一人315円かかる時，436人分の代金を求める問題を表した図として，人を並べる絵をかいた子（Ⅰ）がいた。素朴な図であるが315×1と315×436の式があり，数量関係を捉えている。

この後，数直線図の指導として，並んだ人の周りをチョークで囲み，その下に数直線を書き足した（Ⅱ）。そして，数直線図（Ⅲ）の表現を確認し，（一人分の大きさ）×（いくつ分）＝（全体の大きさ）を表すかけ算の関係が示されている図表現として押さえた。

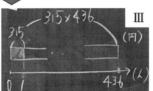

このように子どもの素朴な図表現の中に，か

け算の数量関係を引き出し，それぞれの図のよさに気付かせたい。図が学級で共通言語しての表現になるように，簡単で分かりやすく，伝えたい数量関係を焦点化していくように価値付けていく。

3 結果を見せるのか，過程を見せるのか

　図は，数量関係を整理した，静的な表現である。教科書に示された数直線図は，完成された図であるため，関係は表されているが思考過程が見えにくい。自力解決中にホワイトボードなどを配ってかかせた図や，ICTで画面共有された図（アプリによるが）では，受け手にとっては結果の図である。図を見て数量の関係が読み取れる子はよいが，なかなか難しい。

　表現する過程を動的に見せる方が，一人一人が図を使って考える力は育っていく。そのため時間はかかるが，黒板に図をかきながら順を追って説明する方がよい。

　先の問題を例に述べる。3個80円のセットのため1個あたりの値段が求められない①の図を表す関係であることを押さえた。3この値段と12この値段を倍比例で捉える必要があり，式の説明をするときに図が欲しくなる教材である。

　授業では，80×4＝320という式が発表された。すると「4袋はどこから来たの？　問題には書いてないよ」と子どもの問いが共有されていった。12÷3＝4，80×4＝320という式が発表されたが，全員には伝わっていなかった。そこで，アレイ図（①），3個1袋をテープ図（②）の2つの表現を活かし，式の意

味が分かるように図に表してみようと，図に整理をしていった。

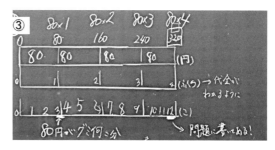

　80×4については，Aちゃんがテープと数直線をかいて80円1袋……4袋で□が320円と書いていこうとしていた。この時，一人の説明で全て書いてしまうと，図を自ら書ける子が増えていかない。図を書いている途中で「ちょっと待って。Aちゃんの図の続きが予想ついたかな？　Aちゃんを追い抜いてノートにかいてみよう」と自分で書く意識を高め，少しの時間をとる。その後，Aちゃんの図の説明を最後まで聞く。先の図をかく時間で表現に差異が生まれている。別の子が，80は80×1，160は80×2……と式を上に付け加えた。更にグミの個数も表したいと数直線を下に1本書き足した。1～12と3こずつ目盛りをかくことが12÷3＝4の解釈につながる。そのため，目盛りを書く手前で止め，「何をしようとしているのかな？」と図を書く過程や，発表者の発想を想像させて，確認をしていった。

　この図は教科書のように整っておらず，比例関係を表す矢印もない。しかし，子どもにとっては分かりやすい。図を洗練させる指導を急がず，子どもが素朴に作った図の過程を解釈し表現する時間を大事にしたい。

活動や学びの質を変える可能性

東京都国分寺市立第三小学校　**長島寛和**

1 学習の幅が広がった一人一台の今

　2021年4月から始まったGIGAスクール構想による一人一台のICT端末の配備により，今までに無かった子供たちの学び方の幅が広がった。紙ベースでの活動がデジタル化されただけでなく，個別最適な学びや自立した学習者の育成に対して，効果的に働く機器として大変便利である。学校現場でも，授業，休み時間，特別活動など，あらゆる場面でデジタル化が進んでいる。ここでは，授業と家庭学習を視点に，その活用法を紹介する。

2 授業での活用

　算数の授業でICT機器を活用するメリットは，①手作業ではとても手間や時間のかかる作業を容易にしたり，②作業の手順を何度も見ることができたり，③学習の記録を振り返ることができたりすることが挙げられる。例えばデータの整理の場面である。グラフを書く場面ではなく，グラフを読む場面では，多くのデータからグラフ化する時間は短くしたい。その際，表計算ソフトなどでグラフを描くこと（①）で，本来学習したいことに時間を割くことができる。また，子供たちが苦手とする作図の場面等で，操作動画等を自分のペースでくり返し見ながら（②）作業をすることができる。さらに，児童の中にはノートに書くことが苦手だったり，ノートを書くことで話し合いが停滞したりすることがある。そんなとき，授業後にタブレットで板書を撮影したり，授業の様子を動画撮影したりすることで，次の授業の際に，前の授業を振り返りながら参加することが可能となる（③）。この機能は，既習学習を大切にする算数にとっては，とても効果的な機能である。

3 家庭学習での活用

　本校ではMicrosoftのTeamsが導入されており，一つのチームの中にある「ファイル」の中に，算数に限らず，多くのプリントデータを保存ができる。そのファイル内のプリントを指定したり，子供たちに選択させたりして，子供たちが自分に合ったプリントを選んで学習に取り組むことができる。従来は，教員が人数分印刷した限りあるプリントに取り組ませていたが，印刷の手間がなくなり，さまざまな内容，レベルの教材を提供することができる。答えもアップしておけば，○付けや児童自ら直しをすることが可能となる。欠席した児童が，その日の学習に取り組んだり，前述の板書の写真や授業の動画を見て授業の様子を把握したりすることも可能である。

4 最後に

　一人一台端末を効果的に活用するために重要なことは，我々教員が既成概念にとらわれないことである。「宿題はみんな同じものを同じ量」「黒板は全てのノートに写す」などの慣習を見直し，「1人1人に合った学び方」を重視することによって，もっともっと効果的で，斬新な使い方が浮かんでくるだろう。

見て、見て！ My 板書

子どもと共に創る板書

東京都小平市立小平第八小学校

鈴木一矢

1 子どもの思考が見える板書

私が板書で一番大切にしていることは，子どもの思考の整理と共有である。子どもが，45分間の中で何を考え，どのように歩みを進めたのかを板書に残したいと考えている。

下の写真の2年生「4けたの数」の実践では，子どもが自分の思いを伝えるために板書を活用した。子どもが何を考え，何を伝えたいのか，一人一人の思いが詰まっている。

①では，子どもが「$100 \times 10 = 1000$というところは前回やりましたね？　$100 \times 2 = 200$です。合わせるといくつですか？」と聞き手を意識して説明する姿。②では，1400の1000とは何か，図的表現で説明する姿。③では，位取り表を生かし，「10個集まると繰り上がって位が一つ大きくなる。」という既習事項を使って表現をする姿。以上3つの姿が見ら

れた。④では，①～③で学んだことを活用し，図や式を用いて，相手に分かりやすい表現を考えていた。授業が進むにつれ，子どもの板書がだんだんと洗練されていったと感じた。

子どもが板書を活用しながら，説明する過程を通して，日々の授業で表現力を伸ばしていくことに大切な価値があると感じている。

2 教師の役割

下の写真の○部分では，100が10個の図は，1400の1000の部分であるという共有を行った。教師が話し手と聞き手の思考を視覚的につなげるために「矢印」を使うことで，100が10個という意味を解釈し，子ども同士の思考のずれをすり合わせることができた。子どもが考えを書き表すことは大切である。しかし，子どもが板書をして授業を完結してはいけない。子どもの板書を生かし，考えをつなぎ，整理することで学びを深めていくことが教師の大切な役割だと考える。

予定通りのきれいな板書を行うことが全てではない。教師が子どもに寄り添い，共に考えることで，その時間にしかできない板書を，今後も創りあげていきたい。

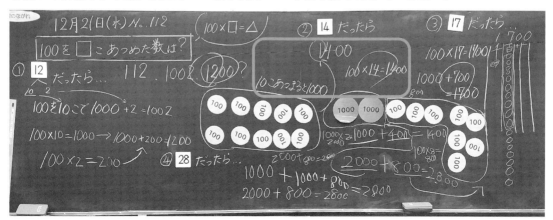

『算数×学級経営　魔法の言葉でもう一歩先の授業・クラスを！』

高橋丈夫・青山尚司・楪原裕仁・工藤尋大・小宮山洋 著
光文書院

　最近，教師という仕事は大変，授業を成立させるだけで精一杯……という話を耳にすることがある。だから，普段の学級づくりが忙しくて，授業研究ができない……という声も。しかし，学校生活の大半を占める授業の中でこそ，学級づくりができるはず。特に，算数という教科は学級づくりに適していると思う。まさしく「算数の授業からつくる学級経営」について，具体的に，魔法の言葉で示してくれているのが，この『算数×学級経営』というこの一冊。

　目指す学級のイメージを，ステップ0「あったかいクラス」，ステップ1「聞けるクラス」，ステップ2「話せるクラス」，ステップ3「認め合えるクラス」の4つに分け，そのステップごとに，5人の先生がそれぞれ一つずつ，魔法の言葉を紹介してくれている。先生方は学級経営をうまくやろうとしているというよりは，子どもが好きで，みんなにとって楽しい空間であるようにとしているからこそうまれた魔法の言葉である。学級をルールで縛るのではなく，教師の指示で動くのではなく，魔法の言葉で目指す学級へ。

　この本を読み終わったら，子どもたちに会いたい，魔法の言葉をかけてあげたい，子どもたちと笑顔になりたい……そういう想いになると思う。この本から，子どもだけでなく，私もあったかい魔法をかけてもらったような気もする。みなさんも一緒に魔法にかけられてみるのはいかがだろうか。（東京学芸大学附属世田谷小学校　稲垣悦子）

『算数科 問題解決の授業』

手島勝朗 著
明治図書

　現場教育に寄り添い，算数科における問題解決の様相を描いた原点といえる一冊。

　著者の手島勝朗氏は，全国算数授業研究会の初代会長であり，時代を拓く優れた授業を実践し続け，不易な指導法等を提案し続けた。

　第Ⅰ章では，発見的行為をした子供の作文をもとにして，問い続ける具体的な子供像を追い，考察している。

　第Ⅱ章では，「わかる深さの階層」について，具体的な事例と共に，3つの階層があることを示している。

　第Ⅲ章では問題解決のプロセス論について，第Ⅳ章では問題解決の方向性について，第Ⅴ章では問題解決指導のキーポイントについて述べている。

　全章を通して図や写真と共に，実際の子供の反応がふんだんに掲載されている。そして授業者の子供に対する姿勢や見方・捉え方，教材の見方・捉え方，意図や思いが臨場感たっぷりに描かれている。その上で，実践を裏付ける理論的な内容も記されている。優れた教材はもちろん，教材の提示の仕方，方略，問い方や問い返し等の指導技術も豊富で，贅沢に盛り込まれた一冊である。

　問題解決にまつわる諸問題をドラマ的に描いており，実際の子供の作文や揺れる子供の論理を中心に構成している。「問題解決の授業」とはどういう授業か，その答えがここにある。

　　　　　（埼玉県戸田市立芦原小学校　相墨多計士）

算数サークル紹介

サークル名 山口BTS（ぶち・楽しい・算数）
サークルの特徴 若手から中堅がそれぞれの「困った」を持ちよる会

　本会は，昨年度に発足したばかりの活動歴の浅いサークルです。本年度より「算数授業研究会」から「山口BTS」へと名前を改めました。また，B《板書》T《問い》S《思考の流れ》をサブテーマにして，主にzoomを使って勉強会を開いています。

　昨年度の活動で一番心に残っている勉強会は，同じ算数授業研究会の仲間であるFMC福島支部の先生方と合同で研修＆交流会を行ったことです。「山口／福島の地元紹介」に始まり，「第104回全国算数・数学教育研究（島根）大会」で発表された先生方の実践について協議を行いました。福島の先生方の算数への見識の深さと熱意に押されそうになりながらも，疑問や感想などを本音でぶつけ合うことができた大変有意義な会になりました。（夏休み恒例行事になることを願っています！）

　また，3学期には筑波大学附属小学校の森本先生と勉強会を行いました。新年度の算数開きについて，各々の実践や思いを元に森本先生から授業開きのポイントを教えていただきました。担任の授業への想いを伝える場は，最初だけでなく年間を通して行うことや「算数」の楽しさが伝わるエッセンスを盛り込むことなど，多くの学びがありました。（森本先生，引き続き山口県の若輩者をよろしくお願いします！）

　昨年度は，それぞれのメンバーの授業観や困っていることが共有できた一年間だったと感じています。今年度は，もっと授業に焦点を当てて，お互いの授業スキルの向上を目指していきます。「算数が好き」という子どもたちが一人でも増えることを願って今後も活動を続けていきたいと思っています。

サークル名 MS会（Mathematic SAGA）
サークルの特徴 「無理なく，継続して，算数科などの授業づくりについて自由に語り合える会」

　MS会は令和3年度から月1回のペースで始まった会です。授業づくりや学級経営などについて自由に語り合う時間が欲しい，でも，学校では働き方改革のもと，十分な時間が確保できない。そこで第3土曜日の午前中ぐらいだったら，誰でも気軽に参加できるのではと考え会を発足させました。会では，研修内容について自由に考えや意見を出し合い，お互いを尊重しながら運営をしています。これは子どもと向き合う授業と同じです。会では，活発な意見がいつも交わされます。また，素朴な質問疑問を大切にしています。2月には筑波大学附属小学校田中英海先生にオンラインで授業検討会に参加していただきました。田中先生と一緒に議論ができて有意義な時間を過ごすことができました。参加していたメンバーにとっても学びが深まり貴重な機会となりました。提案授業は5年生「三角形の高さどこ？」，1年生「かたちづくり」でした。5年生では，三角形の高さが頂点から底辺に対して外にある場合，子どもが高さを見出すことができるようにするためには，どのような手立てが必要なのかを考えた実践でした。教材の内容や提示の仕方などについて意見が交わされました。また，1年生ではタブレットを活用した授業でした。ここでは制限されたICT環境の中でのタブレット活用をテーマに，子どもが図形を動かしてるい様子を撮影し，電子黒板に無音で提示し，その映像に対して子どもが説明するという工夫に感心しました。MS会では，先生と子どもが笑顔で楽しく算数科の学習に取組むことができる授業づくりを目指しています。

（佐賀市立若楠小学校　中島浩貴）

6年「データの調べ方」批判的に考察する

広島県東広島市立三津小学校　**牟田圭佑**

1 統計的な問題解決力を向上させたい（自分も含めて）

多くの情報が氾濫する高度情報化社会では，目的に応じて情報を適切に捉え，的確な判断を下すことが求められている。（自分にはできているだろうか……正直，自信はない。）学習指導要領の改訂で統計的な内容の充実が図られた背景と自分自身の反省を踏まえ，授業実践を行った。

2 授業の実際

本時は，単元後半に1時間追加設定した。「第三者によって提示された統計的な結論について，別の観点や立場から批判的に考察している。」ことをねらいとし，グルメサイトの複数のデータからおいしいレストランについて考える授業を展開した。グルメサイトでは，客がつけた評価点（100点満点）の平均点が1つの指標になることを確認し授業を進めた。

① 「平均点が高いレストランが良い」について考える

平均点が75点のA店と76点のZ店という情報を提示し，「平均点が高いZ店が良い」という意見について考えた。「その通りだ」という意見もあったが，「まだ決められない」「他のデータが欲しい」という意見が続々と出た。「評価した人数が知りたい」という意見が出てから，A店が20人，Z店が1人ということを伝えた。「評価した人数が多いA店の方が信用できる」という意見が多く，複数のデータから批判的に考察していると感じた。

次に登場するB店は，平均点が75点であることを伝える。すぐに「評価人数は？」という意見が出る。評価人数もA店と同じ20人。

② 「平均点も評価人数も等しいから，どちらでも良い」について考える

「個人のデータはないんですか？」という意見がすぐに出た。そこで個人データ，度数分布表，ヒストグラムを提示して，みんなで考えることにした。

「A店」，「B店」，「迷う」の3の立場ができ，それぞれの意見を交流した。「平均点はA店が安定してる」「高い評価点をつけた人がいるのはB店」「意見はわかるけど，もっと情報が欲しい」など，どの立場の児童も自分の考えをもって話し合い，ねらいに迫ることができたと思う。

単元を通して，様々な視点からデータを見て問題解決しようする態度が育ってきていると感じた。

子どもたちのこれからにつながれば嬉しい。

3 おわりに

本時は，自作のデータを使用した。②についてはA店を選ぶ児童が多数おり，工夫の余地が大いにある。今回，難しさと共に手応えも感じた。今後も研究と実践に励みたい。

※本稿は，全国算数授業研究会 月報第289号（令和4年11月発行）に掲載された事例です。

Monthly report

算数授業研究 GG ゼミ 実施報告

第19回算数授業研究 GG ゼミ：2023.04.16（Sun）

講師：夏坂哲志，青山尚司（本稿文責）

本年度の第1回目となる GG ゼミナールは，「子どもの問いを引き出す問題提示の工夫　—本質に迫る協働的な学びの実現—」というテーマで，夏坂と青山が担当しました。

これまでの事後アンケートに目を通すと，教科書の問題を使ったおもしろい授業や，子どもの問いの引き出す教材について知りたいというニーズがあることがわかります。皆様が求めているのは，単に楽しい授業ネタではなく，子ども自身が「教科の本質に迫る」ために，主体的な問いや，仲間との協働的な学びを通した共感を引き出すことではないでしょうか？　そのような思いから，昨年度1月8日に盛山・青山が担当した，第18回 GG ゼミでは，教材のしかけに焦点をあて，授業の後半に教科の本質に迫るどんでん返しが起こる事例を多く紹介しました。そこで，今回は，授業の前半，つまり導入場面に焦点をあて，子どもたちの問いを引き出す問題提示の工夫についてお話をさせていただきました。

第1部　「子どもの『迷い』や『ずれ』から『問い』を引き出す」

数や形の見え方を生かすと，提示の仕方はどう変わるのかをお話ししました。例えば，5年生の「単位量当たりの大きさ」の授業は，一般的には混み具合を比較する場面から導入するのですが，「平等にしたい」という子どもの思いを引き出し，その思いと現実場面とのずれから，「どうしたら平等にできるのか？」という問いを引き出していく提示と展開についてお話をしました。夏坂・青山それぞれの実践をもとに議論をしていく中で，混み具合に対する素直な見方を引き出し，割合の見方に高めていくには，子どもの実感が大切であることが見えてきました。

第2部　「教科書問題を工夫して子どもの『問い』を引き出す」

教科書の問題を，どう提示するともっと面白くなり，本質に近づいていくのかをお話ししました。例えば，6年生の「対称な図形」の導入場面について，合同な図形2つから新たな図形を構成し，その性質を考える青山実践（本誌 p.54, 55参照）と，提示した図形の中に見える，共通した合同な2つの図形とその構成の仕方を見いだす夏坂実践（本誌 p.28, 29参照）を比較しながら，既習である合同な図形を意識することの大切さが見えてきました。

続いて実施した，第20回 GG ゼミナールは6月3日（土）開催でした。担当の森本が，「協働的な学びを実現させるための教師の構え」というテーマで，文部科学省教科調査官の笠井健一先生とお話をさせていただきました。

皆様のニーズに応えることができるように価値ある実践を重ね，発信していきたいと思います。本年度も GG ゼミナールをよろしくお願いいたします。

第73回『算数授業研究』公開講座　　　　実施日：2023/5/13

3年「かけ算とわり算」
第3学年における比例関係の内在する事象の問題解決
―赤信号の待ち時間表示を題材として―

田中英海

1 研究テーマと題材

　教科書の多くの問題は1あたり量が示されているため，かけ算やわり算の演算1つで答えが求められる。乗除法の背景には，二量の比例関係を前提としたり仮定したりしている。1つの演算では解決できない問題解決をカリキュラムに位置付けることを提案したい。

　本時では横断歩道が赤信号に変わった時の待ち時間を考えた。待ち時間が減るに伴って，待ち時間表示の目盛りが減っていく。時間と目盛りの減り方が一定であることを捉え，帰一法（まず1あたりの量を求めて何倍する）や倍比例（2つの対応関係にある何倍かを求める）を使って，かけ算とわり算の計算の意味を確認していきたい。

2 授業の実際

（1）1目盛りの秒数に着目する

　導入で＜茗荷谷駅前の横断歩道の青信号が点滅して赤信号に変わった映像❶＞を見せ，赤信号で待った経験を想起させた。そして，「赤信号は何秒で変わるかな？」という問題を共有した。見通しを問うと「信号の目盛りの秒数を測って，それが何倍あるかで分か

る」とすぐに赤信号の1目盛りの秒数に着目をし始めた。さらに，「一つ一つの目盛りの秒数が分かれば，それかける目盛りの数で全体の秒数が分かる」と帰一法の解決イメージを持ち始めていた。かけ算やわり算で解決できそうであることをまとめ，＜同じ時間帯の5目盛り途中流れる映像❷＞を見せた。計測すると4目盛り36秒となった。

　これらの情報だけでは，全体が何目盛りかを明らかにしていないため赤に変わってからの時間を求めることができない。しかし，1目盛りの秒数を求めることに子どもたちの意識がいっているようであった。短い自力解決後に，4目盛り分で36秒だから36÷4＝9という式や 9 ×4＝36という計算できることが共有された。

（2）半分が4目盛りから，全体に着目する

　教師が「この茗荷谷駅の横断歩道は9秒で変わるんだね」ととぼけると9秒1目盛りだから（赤から青に）変わる時間ではないことが確認された。さらに「1目盛りが9秒で，半分が4目盛りだったら，その半分もまた4だから。全体で変わる時間は……」と全体の半分の目盛りであることを着目した発言があった。全体の目盛りの数が8目盛りであるこ

とを教師から提示して，再度自力解決の時間をとった。

そして，「8目盛りっていうのは4目盛りと4目盛りに分かれているから，4目盛りが36秒なら36＋36で72」「36の倍が72秒」という倍比例の考えと，「ここの1目盛りが8個あって1目盛り9秒だから9×8で72」「72÷9＝8」と1目盛りの秒数の8倍を捉えた考えが出た。加えて36＋9×2などの誤答の式についても修正していき，1目盛り9秒，4目盛り36秒，8目盛り72秒の関係を押さえていった。

（3）短冊で1目盛り9秒の関係をまとめる

短冊に書いていた目盛りと秒数を板書右端に縦に並び替えたことで，子どもたちは秒数が9の段になっていることに気付いた。しかし，加法的に変化を捉える姿が主で，目盛りは＋3（1目盛りから4目盛り）と＋4（4目盛りから8目盛り）と捉えるなど，二量が倍関係になっているという比例的に見る反応を引き出すことができなかった。授業の最後に，赤に変わった瞬間の映像❶を見て，8目盛りからの秒数を数えると，実際に72秒であったことを確認して授業を終えた。

③ 協議を振り返って

教材の面白さは一定の評価をいただいたが，映像❶を見せず，映像❷の途中の映像だけの方が全体の秒数は何秒から？という子どもの問いが引き出せたという意見をもらった。さらに8目盛りも教師が提示したが9や10目盛りでも考えられることや，もう1つ別の信号を提示する方が，本時でねらった比例関係を捉えて活用する考え方が生まれるという代案をいただいた。

本公開講座のテーマ「算数授業を見なおす視点」については，教師の子どもへの関わりや取り上げ方が冷たいという指摘を受けた。例えば，子どもの発言を教師がねらいたい方向に要約していること，誤答を教師が修正していたが子どもに委ねた方がよいこと，一人の子の発言をみんなの発言として教師が読みかえて進行していることなど意見をいただいた。その視点で授業のビデオを見返すと，普段意識できていない自分の姿を捉えることができた。発言の言葉だけを受け止めるのでなく，子どもの思いや真意に寄り添っていけるよう，日々の授業を見直したい。

第73回『算数授業研究』公開講座　実施日：2023/5/13

「合同な図形」を既習とした「対称な図形」の導入

青山尚司

1 単元について

本単元で学習をする「対称」とは，「線対称」と「点対称」の2つである。「線対称」な図形とは，1本の直線を折り目として折ったとき，「ぴったり重なる」図形である。また，「点対称」な図形とは，一つの点Oを中心にして180度回転したときに「ぴったり重なる」図形である。これらを，観察や構成，作図，弁別といった活動を通して理解し，図形の見方を深めることが本単元のねらいである。

子どもは，低学年から折り紙を折るなどの具体的な操作を通して，2つの図形を「ぴったり重ねる」という経験を重ねてきている。そして，第5学年では「ぴったり重なる」2つの図形の基本的な関係として，「合同」について学習をしてきた。

しかし，同じ「ぴったり重なる」というキーワードで学習をしているにもかかわらず，本単元「対称」は，第5学年の「合同な図形」との系統性にほとんど触れることなく導入されていないだろうか？　また，線対称，点対称の弁別をした後は，2つの対称性を別物として扱って指導をしていないだろうか？

線対称な図形は，対称の軸を挟んで反対にある図形同士が「ぴったり重なる」。つまり，2つの合同な図形のうち，一方を裏返して重ねると，もう一方と「ぴったり重なる」ことになる。また，点対称な図形の場合，2つの合同な図形をどちらも裏返さないまま，一方の図形を平面上で180度回転移動させると，もう一方と「ぴったり重なる」のである。「合同な図形」からの系統性を意識して，「対称な図形」の指導を考えると，2つの対称性を別々に教えるのではなく，「合同」という共通点を活かして，違いを明らかにしていく方が，より理解が深まるのではないだろうか。

以上のことから，本実践では，「ぴったり重ねる」系統を活かし，2枚の「合同」な図形を使って図形を構成する活動から，2つの対称について定義づける導入を試みた。

2 教材について

本時は，右のように，2枚の合同な直角台形の対応する辺同士をくっつけることでできる図形を考えていく。この直角台形には，以下2点の工夫を施している。

①裏返すと面の色が異なる。

②対応する辺同士が同じ色になっている。

①は，できあがった図形の色が1色のものと2色のものがあることへの気づきを引き出し，1色で構成されていれば点対称，2色で

構成されていれば線対称という弁別につなげるためである。

②は，弁別の際に対応する辺がどこに位置しているのかを明らかにする工夫である。同じ色の辺が，線対称の場合はくっつけた辺を対称の軸としたときに，反対側に位置づいていること，点対称の場合は，くっつけた辺の中点を対称の中心としたときに，180度回転させた位置にあることが視覚的にはっきりすると考えたのである。

3 指導の概要

直角台形2枚を提示すると，すぐに「合同」という声が聞こえてきた。そして，「逆にしてぴったりくっつけると長方形になるよね」という反応があり，実際に作らせ，その過程を言語化させることによって，「同じ色の辺をくっつけてどんな形ができるかな？」という課題を設定し，それぞれが図形を構成する自力解決に入った。

その後，2枚の台形を与え，実際に黒板上に構成することを促し，くっつける辺の色ごとに整理していった。

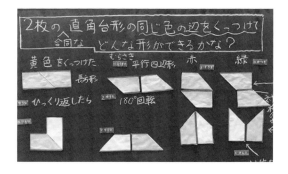

そして，くっつけた辺の色以外の分け方ができるかを問いかけた。すると，「ひっくり返してくっつけたものは，折るとぴったり重なる」という反応があり，それを『線対称』と呼ぶことを伝えた。

また，両方とも裏返していない方の特徴を話し合う際に，右の写真のように，辺の一部をくっつけた図形について議論となった。これも仲間に入れるとしたら，いくらでもできるという意見があり，それらも含めた裏返さずにくっつけた図形の特徴を考えていった。そして，「180度回転させるとぴったり重なる」という反応を引き出し，それを『点対称』と呼ぶことを伝えた。

授業の最後に，先程のずらしてくっつけた図形についてもう一度触れ，他にできる図形はないかを問うことで，右のような図形が引き出された。

4 協議会を通して

辺と面の両方を色分けした提示について，また，手元で操作できる図を用意していたが図形が簡単であることから実際に描かせることを選択したことについて賛否があった。また，図形そのものを回転させたくなるようにするべきであるという意見もあった。

点対称な図形と回転移動の意味の違いにも議論が及び，参観した方々のアンケートに，「大変勉強になった」というご意見を多数いただいた。

1 2年「はこの形」の活用
＜チップスターを切り開くと…＞

　147号特集が「図形」領域の楽しい授業21
だったので，本連載も図形領域の教材や活動
を紹介したいと思う。

　2年「はこの形」において作った円柱の箱
（筒）の続きに少し触れたい。チップスター
の箱の内部をよく見てみると，お客様相談室
からのお手紙の通り，紙と紙のつなぎ目が斜
めになっていることに気付いた。子どもたち
も円柱をつくる時には，紙を巻き付けたり，
縦に切り開いたりして，側面を長方形と捉え
ていた。その中で，筒の中の切れ目に気付い
ている子もいた。この切れ目をそって筒を切
り開いてみる。

　すると，側面が平行四辺形になった。大人
でも円の側面の形が平行四辺形であることが
分かると心が躍る。2年生の子どもたちは平
行四辺形という用語は知らないため，頂点の
数を数えて「斜めの四角形ができた」と言っ
ていた。その中で「直角三角形が2つある」
と気づいた子がいた。どこにあるの？と確認

すると，そこをさらに切り2つの直角三角形
に分けた。

　そして，すぐに直角三角形を移動してくっ
つけ長方形にした。長方形を対角線で分ける
と直角三角形2つなるという活動の経験があ
ったから，こうした操作をすぐにしたのであ
ろう。

　切りひらくと，平行四辺形だった形が，円
筒を作る際に見いだした側面の長方形と同じ
ようになったことに驚いていた。

　これは特集2「図形の感覚が豊かになる作
品・活動」の5年事例で紹介した，角柱と円
柱の展開図において，辺以外を切り開いてよ
いと条件を拡げた展開図にもつながる。平行
四辺形を直角三角形に着目して等積変形して

長方形になる5年生の面積の見方の素地にもなる。

2 5年「正多角形と円」の活用
<パラシュートを作って飛ばそう>

正多角形をみたときに円を見いだす子どもであってほしいと思う。正多角形のかき方を考える時，内角の1つの大きさを求めて，辺，角度，辺，角度と順々にかく方法があるが，円を見いだし中心角を等分するかき方に価値があると考える。正多角形は円に内接するため，頂点は円周上にある。正多角形の中心と各頂点を結ぶ直線は，円の半径である。そのため図のように，三角形は合同な二等辺三角形になる。

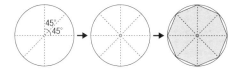

さらに正多角形は線対称な図形であり，正偶数角形は点対称な図形でもある。この作図の仕方は，中心角を等分した半径が対称の軸となり，対称の中心にも見えやすい。第6学年「線対称・点対称」の見方につながる。

このように円との関連を意識させた学習指導の単元末に，正多角形パラシュートをつくる活動を入れた。多くの子どもたちは，紙に円の中心と半径を使った正多角形を作図して型紙として切る。子どもたちは，風を受けるパラシュートの面積が大きい方が飛ぶのではないかと考え，できるだけ円に近

い形にしたいと考え，正n角形のnを大きくしようとした子もいた。

そして，配布したポリ袋の上に型紙を乗せ，ポリ袋を正多角形に切る。

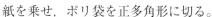

同じ長さに切った凧糸を正多角形の頂点にテープで貼り，糸の片側を正多角形の中心に集める。そして，中心にペットボトルキャップを置き，糸をテープで貼ると完成である。

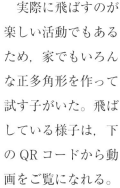

実際に飛ばすのが楽しい活動でもあるため，家でもいろんな正多角形を作って試す子がいた。飛ばしている様子は，下のQRコードから動画をご覧になれる。

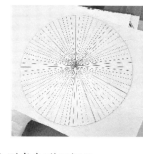

<参考文献>
東京都算数教育研究会第7期研究員（2012）「自主報告書　図形領域を通して筋道を立てて考える児童の育成」

TANAKA Hidemi

AOYAMA Shoji

MORIMOTO Takashi

OHNO Kei

NAKATA Toshiyuki

SEIYAMA Takao

NATSUSAKA Satoshi

互恵的に学ぶ集団を育てる授業づくり

単位立方体つかみ取り大会

青山尚司

1 体積の導入を問い直す

　平面の広さを数値化した面積は，敷き詰められた単位正方形の数を求めたり，比べたりすることから学ぶ。立体の大きさを数値化した体積もまた，その中にある単位立方体の数を見いだすことから学習を始める。

　面積の場合，どちらがどれだけ広いかという求差の場面を設定し，直接比較をして，はみ出した部分の大きさを比べることから単位を見いだすことにつなげる展開もある。それに対して体積の場合，立体を重ねること自体がイメージし難く，直接比較をしようとしても，差がどの部分なのか視覚的にはっきりしない。そう考えると，面積よりも体積の比較の方が，単位を用いた比較のよさを実感できるのかもしれない。

　しかし，普通に立体を提示して「どちらが大きいでしょう？」と問うと，単位立方体を敷き詰めることを知っている子達の意見が採用され，公式を覚えて終わりという味気のない授業になってしまうのではないだろうか。もっと，全員がしっかりと問題解決に関わることができないのであろうか。

2 単位立方体つかみ取り大会

　体積が単位立方体の数を数値化したものという考え方は，立体から数値を見いだして測定するために都合の良い単位を考えるという思考の流れである。では，逆に任意の数の単位立方体を敷き詰めて，直方体に構成し直す流れにしてみたらどうだろうか。

　具体的には，単位立方体のつかみ取りを行い，つかんだ単位立方体を敷き詰めて，数を測定しやすい形，即ち直方体に構成し直すのである。例えば，147個をつかみ取ったとする。5×5×5＝150なので，右上の写真のように3つ足りない。147はどうも7で割れそうだから割ってみる。すると，147÷7＝21なので，147＝7×21＝7×3×7と，右下の写真のようにぴったり直方体になることがわかる。147は各位の数の和が21で3の倍数で，147÷3をして出てきた49は7の平方数なので，147＝7×7×3と考えることもできる。

　単につかみ取った単位立方体の数で優劣を決めるのではなく，それらを組み合わせて，最も大きな直方体や立方体を作ることができたら勝ちとしてみよう。しかし，147を21×7×1のように，平面的に1段で表してしまうのではあまり意味がない。1段を禁止にするのは簡単であるが，もうひとひねり欲しい。

そうだ，一桁の数だけで式に表すというルールにしてはどうだろうか。最大は9×9×9で729個である。子どもたちの手ではそんなにつかめるわけがないので，ちょうどよい設定である。

3 子どもたちとのルール設定

実際の授業では，2人で協力して1つの直方体を作り，一番大きい直方体を作ったペアが優勝ということにした。

直方体を構成する際に余った単位立方体は無効になることを告げると，「じゃあ，ずらっと1列に並べればいい」という子がいた。「そっか，そうすれば余りが出ない！」と笑いながら賛成する子もいる。瞬時によく考えるものである。しかし，「それだと面白くない」という意見もあった。すると，「じゃあ，2列にすれば余りは0か1になる」と言う。今度は，偶数と奇数の学習をつなげている。次々と出される面白い発想に感心しつつ，「ある辺を1列や2列にすると，別の辺が長くなっちゃうから，直方体の辺の長さを，全部1桁の数にするというルールにしよう」と告げた。

すると，「どういうこと？」という子がいて，自分の説明の下手さを反省していると，「100個だったら，5×5×4っていうことでしょ？」と説明してくれる子がいた。そして，「1辺が5cmの正方形の形に並べて，それを4段積めばいい」，「そうすると，5×5で1段が25個だから，それを4段重ねて，25×4で100個になる」と，説明がつながり，みんなで納得することができた。

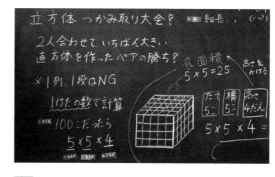

4 実際の活動

こうして，ルールと構成の仕方を確認し，つかみ取り大会が開始された。実際の活動は，まず1人目の子が単位立方体をつかみ取り，直方体に構成している間に，もう1人の子がつかみ取ってそれを追加するという流れで行った。

しばらく経って，直方体ができあがったペアに個数を聞いていくと，「5×5×8で，200ぴったり」というすごい子たちがいた。この直方体が最大であったため，この子たちが優勝かと思いきや，実はこの子達は学級の人数が奇数であることから，3人でやっていたことが分かった。つまり，3回分つかみ取っていたのである。ここで子どもたちは，「3人分を3で割って2をかければ2人分になる」と，単位量当たりの大きさで学習したことを使って，みんなと同じ土俵にのせたのである。

ルール作りや実際の比べ方で，少しでも個数を無駄にしたくないという思いや，友達みんなを失格にせず比べたいという思いが生まれ，他領域の学習を活用する発言が引き出された1時間であった（実践の様子は本誌裏表紙でも紹介しているので，あわせてご覧いただきたい）。

TANAKA Hidemi

AOYAMA Shoji

MORIMOTO Takashi

OHNO Kei

NAKATA Toshiyuki

SEIYAMA Takao

NATSUSAKA Satoshi

授業前にどんな判断をしているのか

森本隆史

わたしたちは算数の授業をする前にどんなことを考えているだろうか。

教科書を開き「どんな授業をしようかな」と考えているとき，頭の中には次のようなことが浮かんでいるのではないだろうか。

・クラスの子どもたちにはこの内容は，難しいかな？　簡単かな？

→　（子どもの実態）

・この授業の本質は何かな？

→　（算数の内容）

・どんな見方・考え方を扱いたいのかな？

→　（算数の内容）

・どんな見せ方をしようかな？

→　（提示の仕方）

・どの形から見せようかな？

→　（提示の仕方）

・はじめになんて言おうかな？

→　（発問）

・このページ，全部扱う必要があるかな？

→　（子どもの実態・提示の仕方）

・2番目にどれを見せようかな？

→　（提示の仕方）

・どうすれば，子どもたちが考えを広げることができるかな？

→　（提示の仕方）

このようなことを授業前に考えてから，

「よし，今日の授業はこうしよう」

と，判断している。仮にこれを「授業前の判断」とすると，その判断を下すときに大切になってくるのは次の2つである。

◆子どもたちにどう見えるか
◆子どもたちがどう考えるか

わたしは，授業前に「見せ方」と「問い方」をどうすればよいのかについて，最低限考えておくとよいと思っている。

子どもたちに教材を見せるときの「見せ方」はいろいろとある。「かくす」という手法があるが，どこをかくしてどこからはじめに子どもたちに見せるのかによって，子どもたちの考えることは変わってくる。

例えば，右のようにおだんごが入っている箱があり，そのおだんごの数を子どもたちが求めるという場面があるとする。

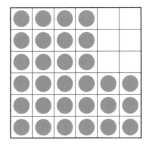

九九を習った後の2年生から，

$6 \times 6 = 36$，　$3 \times 2 = 6$

$36 - 6 = 30$

という式を引き出したいときに，どこをか
くして，どこから見せるとよいのだろうかと
考える。

（A）の「見せ方」

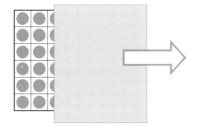

（B）の「見せ方」

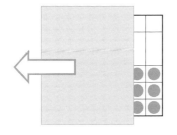

（C）の「見せ方」

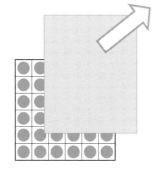

（D）の「見せ方」

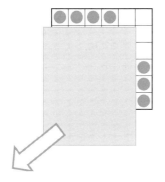

「見せ方」は（A）〜（D）だけではない
し，（A）〜（D）のどれが最善かという議
論をしたいわけではない。（A）〜（D）の
それぞれの見せ方では，子どもたちの見え方
が変わってきて，考えることも変わるという
ことである。（A）の場合，子どもたちは縦
に6こずつ並んでいることがわかり，おそら
く「6こずつのおだんごは，横に何列あるん
だろう？」といったことを考える。（B）の
場合は，「あれ？隙間があいているぞ」「おだ
んごが入っていないところがあるぞ」「今見
えているおだんごは3×2で6こだ」などと
考え，（C）の場合は縦と横が6列あること
がわかり，この時点で「6×6で，きっと全
部で36こあると思う」などと考える。（D）
の場合，子どもたちは「6×6になっている
のかな」「おだんごが入っているところと入
っていないところがあるぞ」という思いをも
つと考えられる。気づきや言いたいことが多
くなり，子どもたちの考えが拡散しそうな予
感がする。先ほどの式を出したいとき，読者
の皆様はどの見せ方で選択するだろうか。そ
こに，教師の判断がある。わたしなら（C）
の見せ方を選択する。

　子どもたちへの「問い方」によっても，子
どもたちの考える内容は変わってくる。おだ
んごを見せる前に「先生はおだんごをもらっ
たんだよ，おいしそうだから，食べたくて仕
方がなかった」という話をしておけば，（C）
の見せ方で最後まで見せれば「先生が食べて
る！」という声が聞こえてきて，子どもの頭
の中にひき算が生まれそうである。

TANAKA Hidemi　AOYAMA Shoji　MORIMOTO Takashi　OHNO Kei　NAKATA Toshiyuki　SEIYAMA Takao　NATSUSAKA Satoshi

ビルドアップ型問題解決学習

「計算の性質」を活用できる子供に育てる
その2

大野　桂

■前回の概要

本実践の最大の肝である「概算」。

「だいたいいくつ？」の発問で授業ははじまった。発問後すぐに，式「18＋9」を板書した。

子どもたちから返ってきた反応は，ほとんどが「だいたい28」であった。

「概算」，すなわち「切りよくおおよその数を捉え，計算を簡単にする」を行った反応であると私は判断した。

そこでこの後，「だいたい28」と考えた理由を明らかにする授業を展開することとした。

■9を10とみて概算をする

「だいたい28」と考えた理由を明らかにすべく，「どうして28になったの？」と問うてみた。すると，やはり思ったとおりである。

「9はだいたい10でしょ」という反応が返ってきた。そこでさらに「そうだけど，だいたい10だと何かいいことがあるの？」と問い返すと，「10はラッキーでしょ」との返答であった。

たし算・ひき算の学習の時に，10がある（つくる）とたし算・ひき算が簡単になることから，「10はラッキー」は学級の合言葉になっていた。だからこの場面でも子どもたちは10をつくり，それをラッキーといったわけである。

そして，子どもたちは次のように「だいたい」を求めたと説明した。

> ただしい　18＋9＝
> だいたい　18＋10＝28

ちなみに，2桁＋2桁の計算は授業でははじめてであったので，子どもたちに計算の仕方を説明させ，右のように丁寧に計算の仕方を確認した。

■概算した意味を捉え，概算の答えを調整することで正答を求める

ここで，「だいたい28は分かったけど，じゃあ，正しい答えは何なの？」と正答を聞いてみることとした。

なぜなら，「だいたい」の答えの28から正答を求めようとする姿が表出すると考えたからである。そしてその行為にこそ，「式と答えの関係」，本時でいえば，「たす数が大きくなると，答えも大きくなる」というたし算の性質を用い，柔軟に答えを見出そうという，子どもの姿が表出すると考えていたからである。

私の正答を問う発問に対し，まず表出した反応は「正しい答えは27」であった。子どもたちが正答を述べる反応速度が速かったので，

TANAKA Hidemi

AOYAMA Shoji

MORIMOTO Takashi

OHNO Kei

NAKATA Toshiyuki

SEIYAMA Takao

NATSUSAKA Satoshi

「18 + 9」をしたのではなく，「だいたいの答えである28から1を引く」という「28 - 1」で求めた子どもが多数であると判断した私は，そのことを確かめるべく，「18 + 9のたし算をして27と求めたんだよね！ずいぶん計算がはやくできたね」と逆を問う発問をしてみた。

想定通り，「ちがう」という反応が返ってきた。そこで間髪入れずに，「えっ，ちがうの？じゃあ，どうやって27と求めたの？」と問い返すと，「だいたいの28から1を引いた」という反応が返ってきた。

まさに，「たす数が大きくなると，答えも大きくなる」の性質を用いたことを示す反応であった。多くの子どもたちも，この発言を聞きながら「そうそう」と頷いていた。

この考えを全体に広げ，確実な理解を促すべく，「ちょっと待って。頷いている人が多いけど，1を引くってどういうこと？どうしてだいたいの答えの28から1を引くの？」と，深掘りをする問い返しをした。さらに，「お隣の人と，どうして1を引くのか，その理由を相談してみて」と全員に表現をさせる場も設定した。子ども同士が相談し合う姿はとても活発で，その話に耳を傾けても，多くの子どもの理解が進んでいるようであった。

お隣同士の相談が落ち着いた頃を見て，「どうしてだいたいの答えの28から1を引くのかお話しできる人はいる？」と問いかけると，ほとんどの子どもが挙手をしていた。そして，次のように説明してくれた。

「たす数の9を10にしたということは，1多く足しちゃったということでしょ。ということは，

答えの28も，もとの式の答えより1大きくなったでしょ。だから，正しい式の答えにするには，1小さくしなきゃいけないから1引いたの。だいたいの答えの28から1引いて，正しい答えを27と求めたの」

とても丁寧な説明であった。私はこの説明を捉え，以下のように板書でまとめた。

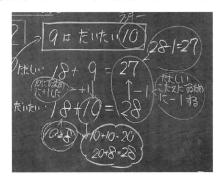

私は授業の最後に，授業で心に残ったことを題名するという，まとめの活動を毎時間行っている。題名は，黒板の一番左上に最後に書くのだが，本時，子どもがきめた題名は，次のものであった。

⑷ (1/26) だいたいをだして そのこたえをちょうせい

「ちょうせい」という，難しい言葉を使ってはいるが，的を射るいい題名である。

ちなみに，同じ考えではあるが，別の方法も表出したので，以下に紹介しておく。

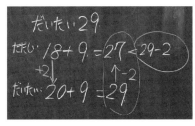

「概算」の授業はこれで終わりではなく，まだまだ続く。次号をお楽しみに……。

第64回

わる数でわり切れる数に分けて，残りもわる

― 4年「2位数÷1位数＝2位数」―

中田　寿幸

4年の2位数÷1位数＝2位数の導入で，6枚の数カードを使って考えた。

> □□個のあめを3人で等しく分けられました。1人分は何個でしょう。

できる2桁の数は3でわり切れる数であることを確認し，簡単にできる数から検討していくこととした。

子どもたちはまずはかけ算九九だけで答えが出せる計算，答えが1位数になる計算を見いだしていく。24÷3などである。

次に36と63も位を分けた後の計算はかけ算九九だけでできると言う。36を30と6に分けると，30も6も3でわり切れる。1時間目は30÷3の一の位の0をとって3÷3＝1，その商に0をつければよいことの説明に時間がかかってしまった。

下の板書は宿泊学習を間に入れて1週間ぶりの算数をおこなった2時間目のものである。授業の後半に42÷3を扱った。

この問題の難しさは，わられる数の42を位でわけて42を40と2にすると，どちらも3でわり切れないことにある。

そこで，3でわり切れる数に分けたいと，30と12に分ける考えが出される。どうして，30と12に分けたのか。それは，30は九九じゃないけど，3人で10個ずつに分けられるのはすぐわかる。だから30にして，残りが42－30で12になったという。

「3でわり切れるなら……」と42を半分の21と21に分ける子がいた。21÷3＝7で答えは7が2つ分。九九を1回だけ使えば答えが出せるからより簡単であるという。

42を39と3に分ける子がいた。39は十の位も一の位も3でわり切れることからすぐにわかる。だから39と残り3に分けたという。

これを聞いて「私も39にしたけど，ちょっと違う」という子がいた。

「2÷3はわり切れないけど，40から1もらって3にしたら3÷3でわり切れるようになる。だから42を3と39に分けた」という。

3でわり切れる数を見出していくときの数の見方がたくさん出された。「わられる数は3でわり切れる数にすると計算が簡単になる」ことを確認した。

この場面，教科書では折り紙の10のたばが示されているので，42を30と12に分ける方法しか検討できない。10のまとまりを作ると筆算の形式にはつながりやすいよさはある。し

かし，ここは子どもが3でわれる数を検討していく中でわり算の数についての感覚が豊かになる場面である。時間をかけていきたい。

3時間目には，45÷3と54÷3を考えた。前時と同様に，45を30と15に分ける子がいる。39と66，42と3，27と18に分ける考えも出される。3でわり切れる数に分ければよいことが確認できた。

ここで，24と21に分けてどちらも3でわるという考えが出されたあとに，ぼくはちょっと違うと次のように説明した。

「42を半分にして21にしたら，九九1回だけで簡単に答えが出たから，45も半分にしようと思ったんだ。でも，45は半分にできない。そこで，23と22に分けてみた。どちらも3でわり切れないけど，22から1つ23にあげれば，24と21になる」

わられる数を半分にする方法のよさを42÷3で感じたので，これを45÷3でしてみようとしてみたがうまくいかない。そこから1だけ修正してわり切れる数にした。このように数に働きかけながら，計算を進めていく姿を価値づけていきたい。

3時間目の後半は54÷3に取り組んだ。やはり54を27と27に分ける方法が最初に出された。わられる数を半分にする方法である。

その後，54を30と24，33と21に分ける方法

が出された。

ここで，興奮しながら「新種発見！」と声を出す子がいた。54から3を引いてみた。すると51になった。「51は3でわり切れないかも」と思ったが，30と21に分けられるので3でわり切れることが分かったという。

51÷3＝17という式を見て「51は3でわり切れると思わないよなあ」とつぶやく子がいた。数を見る目がまたひとつ広がった瞬間であった。

45÷3の計算のときに，45が2つに分けられないのであれば3つに分けて15÷3で5が3つ分とした子がいた。しかし，これはすでに45を3でわって，答えの15が出ていることになっていることに気付いたが，3つに分けようとする考えはいい考えであることを確認していた。

ここでも3でだめなら4はどうかと考え，5なら45が割れるので，9÷3が5つ分と考えついたという発言があった。

この考えが生きて，54÷3では9÷3×6という式で答えの18を導き出した。

2位数÷1位数で答えが2位数になる計算は，2位数を1位数でわり切れる数に分けて計算し，残りの数もまた1位数でわれば答えが出てくる。これが筆算の考え方になっていくのである。

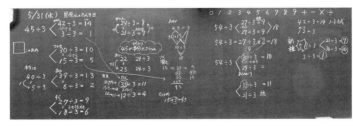

TANAKA Hidemi

AOYAMA Shoji

MORIMOTO Takashi

OHNO Kei

NAKATA Toshiyuki

SEIYAMA Takao

NATSUSAKA Satoshi

ひかれる数とひく数が１ずつ増えても答えは変わらないね
－３年生　ひき算の性質－
盛山隆雄

1 最強虫食い算

　十の位が空位のひき算の学習をした後に，次のような問題を出した。子どもたちは「最強虫食い算だ！」と反応した。それまでの虫食い算は，□になる場所が１か所か２か所だったのに，今回の問題はすべて□だったので生まれた言葉であった。

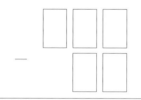

　上のような枠組みだけ見せて，
「さて，答えをいくつにしようかな」
と言いながら「１」にした。
□□□－□□＝１から授業はスタートしたのである。

　このとき，ひっ算の形式に従い一の位から考えて，□－□＝１になる式を考える子どもは，式を完成させるのに時間がかかった。比較的計算がよくできる子どもたちだった。ところが，差が１になる２つの数をイメージして考えた子どもは，早く100－99を書くことができた。その子どもたちは，確かめとして，ひっ算を行っていた。

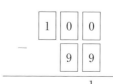

2 問題を発展させる

「さあ，次は答えをいくつにしようかな」
と問うと，子どもたちは
「２がいい！」
と言ったので，答えが「２」になるひっ算づくりにとりかかった。答えが１になるひっ算をつくる考え方を参考に，差が２になる２つの数をイメージする子どもがほとんどだった。その考え方だと，まず100－98＝２のひっ算ができた。そして，次に101－99をつくった。

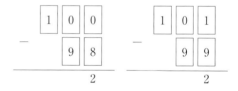

　ひかれる数が102になるとひく数が100になり，条件にあてはまらないことを確認した。

　ここまでくると，答えが「３」になるひっ算づくりが自然に始まっていた。早い子どもはあっという間に作っていた。そこで，
「どうやって作ったの？」
と尋ねると，次のように話した。
「上の数を１ずつ増やして，下の数も１ずつ増やして作っています」
　この言葉に，
「どういうことかな？」
と問い返して，その意味についてペアで話し

合いをしてもらい，しばらくして，別の子どもに考えを説明してもらった。

「答えが2の時のひっ算を見ると，ひかれる数とひく数が1ずつ増えています。だから同じように今回もまず100−97＝3を作ってからひかれる数とひく数を1ずつ増やしていきました」

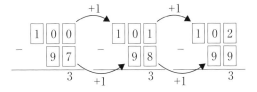

確かにこれで簡単にできた。そこで，子どもたちが見つけたことを，ひき算の性質として次のようにまとめました。

> ひかれる数とひく数に，同じ数をたしたりひいたりしても答えはかわりません。

次に，子どもたちは次のように話した。

「答えの数と式の数が同じになってるよ」

「ということは，答えが4のときは式が4つということだよね」

子どもたちは確かめたくなったので，すぐにひっ算づくりを始め，4つのひっ算が発表された。

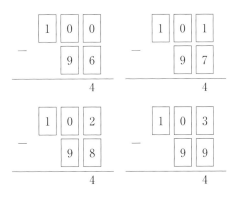

3 理由を考える

答えの数値とひっ算の個数が一致する理由を考えさせたところ，ある子どもは，次のように述べた。

「例えば答えが9の場合は，100−91から108−99まであるでしょ。109−100はだめだから。ということは，ひかれる数の一の位は，答えの9より1小さい数で108までになります。100〜108だから9個です。」

答えの数値とひっ算の個数が一致する理由について考えたが，もう1つ，なぜひかれる数とひく数が同じ数ずつ増えると答えが変わらないのかについての理由も知りたがった。

そこで，次の時間にお団子の問題を出し，下のように図に表した。

「○だんごが6個あります。●だんごは2個あります。違いはいくつでしょう。」

この問題の場合，次のような図になる。

6 − 2 ＝ 4　ちがいは4個

それから両方のお団子を同じ数ずつ増やしていく展開にすると，子どもたちは，ちがいが変わらないことに気が付き始めた。

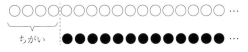

いくら増やしてもちがいは変わらない。

ひき算の性質を視覚的に理解することができた。計算の性質は，形式的な暗記にならないようにすることが大切である。いずれこのような見方は，かけ算とわり算の性質の理解につながっていく。

TANAKA Hidemi　AOYAMA Shoji　MORIMOTO Takashi　OHNO Kei　NAKATA Toshiyuki　SEIYAMA Takao　NATSUSAKA Satoshi

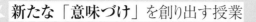

★ 新たな「意味づけ」を創り出す授業

もし，この角度が同じだとしたら……

夏坂哲志

教科書に載っている「平行」の定義

4年生の教科書には，平行の定義について次のように書かれている。

「1本の直線に<u>垂直な</u>2本の直線は，平行であるといいます」

1本の直線に交わる部分は直角ではなく，「等しい角度」であればよい。だから，次のような言い方もできる。

「1本の直線に，<u>等しい角度で交わっている</u>2本の直線は，平行です」

要するに，2本の直線が同じ方向に延びていることを言うために，基準となる1本の直線を決めて，その直線に対する傾き具合（角度）が同じと言いたいわけだが，子どもにとってはこの文が表していることを正しく読み取るのはなかなか難しい。

そこで，まずは，もっと子どもがイメージしやすい表現で「平行」という用語を教え，この「平行」という言葉を繰り返し使いながら，だんだんと数学的な解釈をしていければよいのではないかと考えた。

だから，教科書にある定義ではなく，子どもがよく使う「どこまで延ばしても交わらない」とか「どこも幅が同じ」のような表現で，「平行」を一度約束してから，以下のように授業を進めていくことにした。

② 「平行」かな？

「2本の直線は平行かな？」と言いながら，1枚の紙を封筒から引き出す。紙には2本の直線がかいてある。（紙は，上下を波形に切っておく。平行かどうかを調べるときに，紙の辺を使わないようにするためである。）

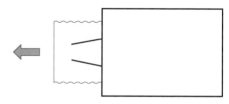

1枚目は，上図のように線がかかれてある。これは明らかに平行ではない。そう判断した理由を，子どもは次のように言う。

①「下の線は右下の方向に向かっていて，上の線は右上の方向に向かっている」

②「2本の線を左の方に延ばしていくと，交わっちゃうから」

③「幅を調べてみると，左と右で違うと思う」

①や②の言い方は，1本の直線に対する角度の話題につながるのではないかと期待しながら，子どもたちの説明を聞いた。

続いて2枚目。2枚目には下図のように直線がかかれてある。この2本の直線は平行になっている。子どもも，見た目で「平行だ」と判断する子が多い。

子どもは，「どちらも右に下がっているけど，下がり具合が同じぐらいだから平行だと思う」と見る。

3 微妙に平行ではないような……

3枚目として，平行ではないが平行に近い2本の直線を登場させた。

ここでは一人ひとりに同じプリントを配り，各自の方法で調べさせる。その中から，いくつかの方法を取り出して，その方法についてみんなで検討していくことにする。

2本の直線を通過する1本の直線を引いている子が数人いた。その多くは，片方の直線に垂直な直線（この時点では，まだ「垂直」という用語は教えていない）を引いている。だが，黒板上の紙には，あえてどちらにも垂直ではない直線を引いてみた。そして，この1本の直線を引いた後，何を調べればよいかを隣の席の子と相談させた。

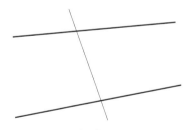

4 どちらも同じ角度だったら

Kさんは，黒板の図を指さして，「こことここの角度が同じだったら平行」と言った。

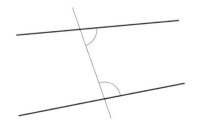

角度に着目しているところがよい。

「こことここ」の位置を確認すると，Kさんは少し自信がなさそうに，左下の図に示した2カ所の角度を示した。これを聞いていたMさんは，「それはおかしいと思う」と手を挙げた。

「もし，そこがどちらも30度だとすると，右に延ばしたときにだんだん近づいていって，最後には交わってしまう。だから，平行ではないと思う」というのがその理由だ。

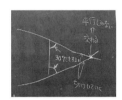

（この説明は，平行線公準（ユークリッドの第5公準）と呼ばれている内容に似ている。）

それを聞いていたKさんの隣の席のT君は，「僕が考えていたのは，違う場所の角度なんだけど……」と，下図の2つの角（㋐と㋑）を指した。

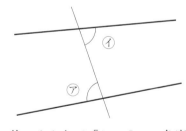

この後，みんなで「この2つの角度が同じだったら平行と言えるかどうか」を考えていくことになった。

T君は，まず，「下の直線を上に平行移動させて1本に重なれば，2本の直線は平行と言える」と考えた。2本の直線が重なると，角㋐は角㋑の対頂角の位置にくる。だから，角㋐と角㋑も同じになる。難しい説明だが，順を追ってみんなで考えることができた。

TANAKA Hidemi

AOYAMA Shoji

MORIMOTO Takashi

OHNO Kei

NAKATA Toshiyuki

SEIYAMA Takao

NATSUSAKA Satoshi

ⓘ 算数授業情報

621

オール筑波算数サマーフェスティバル ～子どものつぶやきが聞こえる対面大復活祭

日　時：7月16日，17日（日，月）

テーマ：授業力を問い直す

　　　　―成功と失敗の分かれ目

＜16日＞

09：30〜　受付開始

10：00〜　◆公開授業①・協議会

　　　　　4年「面積」　夏坂哲志

13：00〜　児童劇発表6年

13：45〜　◆公開授業②・協議会

　　　　　6年「分数の計算」

　　　　　OB　山本良和先生

14：40〜　協議会

15：20〜　講演　青山尚司

＜17日＞

09：00〜　◆公開授業③・協議会

　　　　　2年「三角形と四角形」大野桂

11：00〜　シンポジウム　「授業力を問い直す―成功と失敗の分かれ目―」

　　　　　OB 細水保宏先生

　　　　　OB 田中博史先生

　　　　　OB 山本良和先生

13：30〜　◆公開授業④・協議会

　　　　　5年「図形の角」盛山隆雄

15：30　閉会

622

定期購読者限定無料 第75回『算数授業研究』　公開講座（オンライン）

定期購読者は無料で参加できます。

日　時：9月9日（土）PM

13：30〜　◆授業ビデオ公開（3年 or 5年）

　　　　　田中英海

14：20〜　協議会

15：10〜　選択型講座

623

第76回『算数授業研究』　公開講座

日　時：10月21日（土）

授業者：森本隆史，大野桂

624

オール筑波算数スプリングフェスティバル

日　時：3月2日（土），3日（日）

授業者：田中英海，中田寿幸，盛山隆雄

講演者：森本隆史

625

『算数授業研究』GGゼミ（オンライン）

第21回　8月27日（日）　9：30〜12：00

テーマ：2学期の算数をもっともっとおもしろくする教材と指導技術

担　当：中田寿幸，田中英海

授業ビデオを見ながら夏休み明けの授業を面白くする教材，指導技術について解説します。オンラインで気軽に参加できます！

第22回　1月13日（土）14：30～17：00

テーマ：未定

担　当：盛山隆雄，大野桂

626

全国算数授業研究大会

日　時：2023年8月5日，6日(土，日)

テーマ：「自立した学び手に育つ授業の条件」

　　　　～協働的な学びの価値を問い直す～

＜5日＞

13：00～　会長挨拶・諸連絡

13：10～　基調提案　大野桂

13：30～　シンポジウム　青山尚司　他

14：20～　◆公開授業①

　4年「わり算」江橋直治（国立学園小）

　公開授業①パネルディスカッション

16：00～　授業選手権（2日目の公開授業②
　　　　　のプレゼン＆会場投票）

　◆2年「三角形と四角形」

　　西村祐太（京都教育大附属桃山小）

　◆3年「あまりのあるわり算（活用）」

　　田中英海

　◆4年「面積（活用）」

　　尾形祐樹（東京学芸大学附属小金井小）

＜6日＞

09：00～　公開授業②（2．3．4年）

　公開授業②パネルディスカッション

10：50～　ワークショップ①

11：25～　ワークショップ②

12：30～　Q＆A講座（昼食時間中）

13：00～　授業を見て語り合うミニ講座

　授業ビデオを公開し参会者と協議

13：55～　◆公開授業③・協議会

　　　　　5年「未定」盛山隆雄

　公開授業③パネルディスカッション

15：35～　講演「自立した学び手に育つ授業
　　　　　の条件」会長　夏坂哲志

16：05～　閉会行事

627

雑誌『算数授業研究』　SNS

628

雑誌『算数授業研究』　定期購読者募集

ⓔ 編集後記
editor's note

◆図形の「楽しさ」を先生方にお届けしたいという思いで特集を組み，執筆・編集に取り組んできた日々を振り返ると，「楽しさ」とは何かを自問自答してきたことを思い出す。

◆細水保宏先生は，「楽しさ」には質があり，その質の豊かさを追究していくには，教師自身が図形に親しみ，楽しむことが第一歩であると述べられている。そのお考えに触れ，子どもたちの楽しさや驚きを感覚的な段階で終わらせず，論理が結びつくように授業を設計していくことの大切さを再確認した。

◆笠井健一先生は，「筋道立てて考察すること」に焦点をあて，子どもが帰納的に説明をしているのか，演繹的に説明をしているのかを，教師が知っておくことが大切であると述べられている。既習の図形に関する数学的な見方・考え方が，求積方法の根拠となるというつながりについて興味深く読ませていただいた。

◆編集作業を通して，笠井先生や細水先生のお考えや，本校算数部員の様々な実践に触れたことで，図形の授業づくりをこれまで以上に楽しんでいる自分に気付く。そして，子どもが図形を「楽しむ」とは，「豊かな感性を働かせつつ，数学的考察を楽しむこと」であるという結論を得ることができた。

◆本誌を手に取った先生方も，子ども自身が追究したいという思いをもち，考察していくことの楽しさを味わうことができるように，授業づくりを楽しんでいただけたらと願う。

◆最後に，貴重ご示唆をいただいた先生方と，編集作業を支えてくださった東洋館出版社の石川夏樹様に心から感謝を申し上げる。

（青山尚司）

ⓝ 次号予告
next issue　No.148

特集　学びが深まる集団検討のコツ

協働的な学びを実現するためには，一人一人の考えや思いを引き出した後，教師はねらいに向けて考えや表現をコーディネートしていくことが必要です。特に，授業後半の集団検討場面においては，教師のかかわり方で学びの深まり方は大きく変わります。発問や指導技術も使い方によっては学びを停滞させてしまうことにもなります。子ども一人一人の思考や表現がつながり合い，算数の学びが深まっていく集団検討にしていくための指導のポイントについて考えていきます。

ⓢ 定期購読
subscription

『算数授業研究』誌は，続けてご購読いただけるとお得になる年間定期購読もご用意しております。

■ 年間購読（6冊）5,292円（税込）
　［本誌10%引き！　送料無料！］
■ 都度課金（1冊）980円（税込）
　［送料無料！］

お申込詳細は，弊社ホームページをご参照ください。定期購読についてのお問い合わせは，弊社営業部まで（頁下部に連絡先記載）。　https://www.toyokan.co.jp/

算数授業研究 No.147
2023年7月31日発行

企画・編集／筑波大学附属小学校算数研究部
発　行　者／錦織圭之介
発　行　所／株式会社 東洋館出版社
　〒101-0054　東京都千代田区神田錦町2丁目9番1号
　　　　　　　　　　　　コンフォール安田ビル2階
　電話　03-6778-4343（代　表）
　　　　03-6778-7278（営業部）
　振替　00180-7-96823
　URL　https://www.toyokan.co.jp

印刷・製本／藤原印刷株式会社
ISBN 978-4-491-05318-9　Printed in Japan

見やすい二色刷り

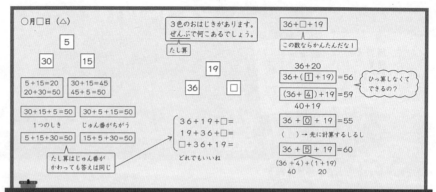

本時案

おはじきは全部で何個あるのかな？

11/11

本時の目標
・3口のたし算場面を通して、たし算の交換法則と結合法則が成り立つことや、式の中に（ ）を用いる意味を理解することができる。

本時の評価
・たし算の交換法則が成り立つことを理解することができたか。
・たし算の結合法則が成り立つこと及び（ ）を用いて式を表す意味を理解することができたか。

準備物
・おはじきの数を書いたカード

授業の流れ

1 全部で何個あるでしょう？

問題場面を提示し、おはじきの個数を書いた3つのカード（[30]、[5]、[15]）を見せる。子どもは、たし算の場面だと判断し、個数を求める式を書く。そしておはじきの数は、2つの式でも1つの式でも求められること、足す順番が変わっても答えは同じだということを確かめる。

何色のおはじきの数から足してもよいので、たし算の交換法則が成り立つ意味が理解しやすい。

〇月□日（△）

```
      5
30        15

5+15=20     30+15=45
20+30=50    45+5=50

30+15+5=50  30+5+15=50
1つのしき     じゅん番がちがう

5+15+30=50  15+5+30=50
```

たし算はじゅん番がかわっても答えは同じ

3色のおはじきがあります。ぜんぶで何こあるでしょう。
たし算

```
        19
36      □
```

36+19+□＝
19+36+□＝
□+36+19＝
どれでもいいね

```
36+□+19

この数ならかんたんだな！

36+20
36+(①+19)=56
(36+④)+19=59
  40+19

36+ ⓪ +19=55
（  ）→ 先に計算するしるし

36+ ⑤ +19=60
(36+4)+(1+19)
  40    20
```

ひっ算しなくてできるの？

2 たし算は順番が変わっても答えは同じだから…

もう1組おはじきの数（[36]、□、[19]）を示す。ところが、1つの色のおはじきの数は決まっていない。後で数を決めることを伝え、1つの式に表すことにする。

19+36+□
36+19+□
□+36+19

3 「36+□+19」の計算が簡単にできる数を入れよう！

どうしてその数にしたのかな？
この数だったらどうして簡単なのかな？
なるほどな。その数にした気持ちが分かる

```
36+1+19
36+4+19
36+5+19
36+0+19
```

「36+□+19」の□の中に、この数だったら簡単に計算できると思う数を書き入れさせると、上のような数が書かれている。

4 どうしてその数にしたのかな？

友達が□の中に入れた数の意味を考える。
「1」は「1+19=20」になるから簡単だと言う。また、「4」の場合は、「36+4=40」になるから簡単で、どちらも足すと一の位が0になる数にしていることが分かってくる。
さらに「5」の場合は、これを4と1に分けて、「36+4=40」と「1+19=20」にしていることも理解される。

まとめ

たし算は足す順番を変えても答えは変わらないこと、そして、3口のたし算の場合に右側から先に計算しても左側から計算しても答えは変わらないことを確かめる。また、3口のたし算で先に計算することを表す記号に（ ）があることを教える。
36+（1+19）=56
（36+4）+19=59
36+5+19=（36+4）+（1+19）=60

おはじきは全部で何個あるのかな？
048

第11時
049

各巻1本の授業動画付

1年（上）中田 寿幸 「とけい」第2時

2年（上）山本 良和 「たし算」第11時

3年（上）夏坂 哲志 「わり算」第10時

4年（上）大野 桂 「倍の見方」第1時

5年（上）盛山 隆雄 「小数のわり算」第1時

6年（上）尾﨑 正彦 「対称な図形」第1時
関西大学 初等部 教諭